丛书编委会

总　策　划：来新国　王文成

编委会主任：郭齐勇　周晓亮

编　　　委：来新国　陈知涯　张　彧　尹格韬　沈　众

　　　　　　王文成　孟淑贤　周长志　罗养毅　秦　丹

　　　　　　乌　琛

大家精要
典藏版丛书

简读

许慎

李红霞　著

陕西师范大学出版总社　西安

图书代号　SK24N1922

图书在版编目(CIP)数据

简读许慎/李红霞著. — 西安：陕西师范大学出版
总社有限公司，2025.3
（大家精要：典藏版/郭齐勇，周晓亮主编）
ISBN 978-7-5695-4131-1

Ⅰ.①简…　Ⅱ.①李…　Ⅲ.①许慎（约58-约147）—
人物研究　Ⅳ.① K825.5

中国国家版本馆 CIP 数据核字（2024）第 025199 号

简读许慎
JIAN DU XU SHEN

李红霞　著

出 版 人　刘东风
策划编辑　刘　定　陈栁冬雪
责任编辑　张　姣
责任校对　郑若萍
封面设计　龚心宇　张潇伊
出版发行　陕西师范大学出版总社
　　　　　（西安市长安南路 199 号　邮编710062）
网　　址　http://www.snupg.com
印　　刷　深圳市福圣印刷有限公司
开　　本　889 mm×1194 mm　1/32
印　　张　6.375
插　　页　4
字　　数　118 千
版　　次　2025 年 3 月第 1 版
印　　次　2025 年 3 月第 1 次印刷
书　　号　ISBN 978-7-5695-4131-1
定　　价　49.00 元

目 录

第1章

许慎的祖先和故里

炎帝神农氏的后裔

自古以来，广袤的中华大地孕育了无数的先贤圣哲，他们在不同的领域创造出了灿烂的中华文化，积淀了深厚的华夏文明。在历史上，汉代是一个人才辈出、群星璀璨的时代，各个方面都取得了令世人瞩目的成就，开创了中国历史上第一个文化盛世。例如，在自然科学方面，医学家有张仲景和华佗，地震研究专家有张衡，在造纸研究上取得突出成就的有蔡伦；在人文科学方面，文学家有贾谊、司马相如、张衡，史学家有司马迁和班固，文献目录学家有刘向、刘歆父子，经学家有贾逵、马融、郑玄，语言学家有扬雄、刘熙，等等。

生活在东汉中期的许慎也是一位杰出的古文经学家和语言学家。许慎几乎花费了一生的心血撰著了《说文解字》一书。他运用科学的理论，系统地分析了汉字的构造和形体，保存了大量的古文字形体和汉字的古义，奠定了汉语言文字学的基础。因为创作《说文解字》一书，许慎被后世尊奉为"字圣"，这充分体现了许慎在中国文化史和汉字史上的贡献和地位。他与中原大地涌现出的其他文化圣人，如医圣张仲景、画圣吴道子、诗圣杜甫，成为中华文化发展史上不朽的丰碑。

许慎，字叔重，是炎帝神农氏的后裔。炎帝神农氏又称为烈山氏，是西戎羌族的一位部落首领，因为居住在姜水流域，所以以"姜"为姓。后来，炎帝率领他的部族向东部扩张，一直发展到中原地区。炎帝的后代，有"缙（jìn）云氏"。"缙"表示浅赤色，"缙云"本是官职名称。据说，黄帝之时，曾经用"云"来表示官职的名称，称呼某一官职时，还要配上四季的颜色。那时候，称春官为青云，称夏官为缙云，称秋官为白云，称冬官为黑云，称中官为黄云。炎帝在炎黄之争中败落之后，缙云氏加入黄帝一族，黄帝任命他担任夏官，辅佐黄帝。因此，他就以官职之名作为他和他的部族的"氏"。

缙云氏之后，又有共工氏。据《史记》记载，共工氏曾经与黄帝的曾孙帝喾（kù）高辛氏争帝，败落之后被高辛氏诛杀。到了尧时，共工氏的从孙太岳（也称"四岳"）曾经辅佐夏禹，因为治水有功而被封侯，世称"吕侯"。"吕"字的本义是指人的脊骨，脊骨是人身体构架的重要组成部分。太岳被称为吕侯，表明这时他已经成为夏禹的股肱之臣了。吕侯的后裔文叔在周朝初年被封在许地。许地在周武王时代是王室的屏藩，担负着守卫王室的职能。同时，文叔还袭封了太岳吕侯的封号，所以世人也把文叔称为"吕叔"。又因为"吕"字的古音和"甫"字相近，吕叔也被称为"甫侯"。

在许慎的祖先中，吕侯和文叔是两个有影响力的人物。许慎在《说文解字》中解释"吕"字时说，"太岳"是夏禹的"心吕之臣"。"心吕"即心脏与脊骨，这是身体上诸多器官中十分重要的两个部位。许慎以"心吕之臣"来称呼太岳，表明在夏禹时代太岳的地位之重要和显赫。在《说文解字》中解释"鄦（xǔ，与'许'字相同）"字时，也专门提到了"鄦（许）"就是炎帝和太岳的后裔文叔所封之地。可见，作为后裔，许慎对先祖吕侯和文叔所取得的辉煌功绩是倍感骄傲和自豪的。

由许地迁往召陵定居

文叔所封之地"许",故城在现在的河南省许昌市东约十八公里处。在许昌市东南约十九公里处的张潘村,还发现过许国的城址和其他遗物。文叔封于"许"地之后,就以所封之地——"许"作为国号和他的"氏",此后文叔的后代就以"许"作为姓氏。这就是许慎以"许"作为姓氏的来历。许慎的先祖经历了吕侯和文叔时代的兴盛,到春秋时期逐渐走向衰落。许国由于受到其他诸侯国的侵扰,曾经被迫四处迁徙。据《左传》记载,公元前576年,许国因为不堪忍受郑国的逼迫,靠楚公子申的帮助迁于叶地(今河南省叶县偏西大约十五公里处);公元前533年,许国又因为楚国的原因被迫迁往夷地(今安徽省亳州市东南大约三十五公里处);公元前524年,许国又迁往析地(今河南省西峡县);公元前506年,又迁往容城(今河南省鲁山县东南大约十五公里处)。许国被迫多次迁徙之后,国势更加衰微,到战国时期最终被楚国灭了,这时距离文叔的时代已经有二十四世了。许国被灭之后,幸存下来的许氏家族中的一支被迫迁往汝南汝水之滨的召陵定居下来。在这片水草丰美的中原之地,顽强的许氏家族用自己勤劳的双手默默耕耘,开始了新的生活。此后，许氏家族就在召陵世世代代繁衍生息。许慎就是许氏这一支的后裔。

许慎的先祖在汝南召陵定居下来以后，召陵就成为许慎的故里。召陵位于现在的河南省境内。据《大清一统志》记载，召陵故城在郾城东三十五里，汉时开始设置县，隶属汝南郡，晋时隶属颍川郡，隋朝废县，归郾城县统辖，唐武德四年（621）又设置县，贞观元年（627）又废县，仍然归郾城县统辖。以后历经宋、元、明、清、民国，直至新中国成立后，召陵一直都隶属郾城县。2004年河南省实行区划改革，将郾城县划归漯河市，召陵成为其中的一个辖区，统辖召陵镇、老窝镇、万金镇等。召陵故城在今天的郾城东大约十五公里处。

东汉汝南郡召陵县是许慎的故乡，这是毫无疑问的。但是，具体到许慎的诞生之地，却还存在争论。这一争论从唐代就已经出现了。许慎之子许冲在《上〈说文解字〉表》中自称"召陵万岁里公乘草莽臣冲"，说自己是召陵万岁里人。"里"是汉代对村落的称呼，所以大多数学者都认为许慎的出生地就是召陵的万岁里。另外，《说文解字》中有一个"郋（xí）"字，许慎解释为："郋，汝南召陵里。""郋里"是召陵县的一个村庄，许慎对这个村庄是非常熟悉的，所以就把"郋"这个专用于村庄名称的汉字收入《说文解字》。

据此，唐代的李阳冰就说"郾里"是许慎的家乡。后代有的学者支持这一说法，并认为"万岁里"是许冲任"公乘"之职的地方，而不是他的籍贯。实际上，许冲虽然自称"公乘"，但"公乘"只是朝廷所赐的百姓爵位中的第八级，拥有这个级别的人可以乘公家的车，可它并不是官职名称。而且，许冲用"草莽"自称，这也证明他并没有担任朝廷的职务，当然也就不必到家乡以外的地方任职，因此"万岁里"应该就是许冲的籍贯，也就是许慎的诞生之地。

万岁里，就是现在位于召陵东部的许庄村。根据许慎故乡的张汝鲤先生考察，许庄西距郾城约十二公里，西南距漯河市约八公里，东距召陵故城约三公里，北距黑龙潭镇约三公里。到了明代，许庄村一带共有四个村庄，分别称为金庄、罗庄、黑庄和许庄，它们都是用各村主要的姓氏来命名的。这几个村庄距离比较近，而且又都比较小，所以，曾经合称为"金罗黑许"。明末清初，金庄和罗庄合并，称为"金罗"，黑庄和许庄合并，称为"黑许"。随着村民的不断迁徙和人口繁衍的盛衰，金罗村中的金姓和黑许村中的黑姓人口越来越少，于是金罗村又改称罗庄，黑许村又改称许庄。这就是现在的许庄。许庄隶属于郾城姬石乡，以前还曾经用过"叔重乡""黑龙潭乡"的名称。1992年以后，以沙河为界，河西仍称黑龙潭乡，河东改称姬石乡。许庄村在召陵故城西，临近沙河。沙河古代称为汝水，东汉时汝水从召陵故城之南向东南方向流出。许慎的故里南距汝水不足五公里，所以许慎在《说文解字·叙》中叙述自己的家乡时有"宅此汝濒"的说法，意思是说"在汝水之滨定居"。不管东汉时期许慎的故里是万岁里还是"郾里"，或者这两个名称只是一地二名，总之，几乎所有的人都认为现在的许庄就是许慎的故里。

现在的许庄，还保存有许慎及其子许冲的墓祠。这个古老的村庄，今天看起来几乎与中国北方所有的农村没有什么差别，却在一千九百年前诞生了一位文化名人——许慎。现在许庄人以"许"姓居多。这些许姓民众，尊奉许慎为祖先，世世代代相传为许慎的后裔。我们可以想见，乡民们能够成为许慎后裔会感到何等的骄傲和荣耀，也足见许慎对后世的影响。现在许庄的东边，有一块巨石，上面镌刻着原全国人大常委会副委员长、语言学家许嘉璐手书的"许慎故里"四个大字。巨石北面有三开门的青砖青瓦门楼，赤门红墙的院落内，在高1.88米、状如"典"字的基座上，矗立着一尊高3米的许慎青铜塑像。许慎身着宽袖长裾的汉服，右手后背，左手握着一卷简书，神态祥和。塑像周围是许慎文化研究中心和汉字文化旅游中心——汉字文化游乐大观园。

出生在一个普通的家庭

许慎的先祖自许地迁往汝南郡召陵县以后，许氏家族就一直在这里繁衍生息，过着勤劳而充实的农耕生活。关于家世，许慎在《说文解字·叙》中只提到了炎帝、吕侯和文叔等祖先的大概情况，对于祖父、父亲等均没有提及。南朝宋范晔在《后汉书》中为许慎立传，对于他的祖父和父亲也都没有任何说明。从《后汉书》记载人物的惯例来看，如果所记人物的祖上在两汉时期是有一定社会地位的贵族、豪门或其他有声望的家族，范晔一般都会首先记述他的祖父或父亲在政治、经济、学术或其他领域的成就和地位；如果所记人物的子孙在以上各个方面也取得了比较突出的成就，范晔也会视其具体情况给予或多或少的介绍。例如，对文献目录学家、经学家刘向、刘歆父子的介绍，对经学家贾徽、贾逵父子和郑兴、郑众父子的介绍，都是如此。又如，范晔专门为大将军马援立传，因马援是汉明帝马皇后的父亲，故《马援传》介绍了马援曾祖的情况，又重点介绍了马援之子马廖、马防，以及侄子马严和族孙马棱。介绍马严时，还顺便提到马严有七子，其中唯有马续和马融知名。由于马融在东汉古文经学的研究上作出了突出的贡献，范晔还专门为他立传。

范晔在《后汉书·许慎传》中既没有提到许慎的祖父和父亲的情况，也没有提及其子许冲和其他许氏族人。据此，我们推断，许慎既不像贾逵那样出生在一个书香世家，也不像马融那样出生在一个武功赫赫而又是皇亲国戚的贵族家庭。许慎大概出生在一个普通的家庭，他的祖上对汉代的政治、经济和文化生活等方面都没有什么重要的影响，他的子孙在东汉中后期也没有取得什么突出的成就。不过，许慎的家庭虽然是千百万家庭中极为普通的一个，但是，他之所以能够进入故乡小学，有条件又有能力博览经史和诸子文献长达十几年，那么他的家庭即使不是什么经济富裕、地位显赫的书香世家或豪门大族，也应该是有一定经济基础和文化传统的家庭。否则他的祖辈、父辈，也就没有能力送他到小学学习，接受识字、算法、礼仪及经书等方面的教育了。

　　范晔的《后汉书》虽然为许慎立了传，不过这个传记却非常简略，只有八十五个字。而且更为遗憾的是，对许慎的生卒年代都没有明确的记载。为此，后代学者展开了激烈的争论，直到现在，也还没有定论。最有影响的两种观点：一种是认为许慎大概出生在东汉明帝永平元年（58），卒于汉桓帝建和元年（147）或建和二年（148），如清代的陶方琦《许君年表考》就持这一观点。这一观点对后世的影响较大，当代一些语言研究者，如周祖谟、何九盈、濮之珍等先生就赞同此说。另一种观点认为许慎大概出生在东汉明帝永平十年（67），卒于汉桓帝建和二年（148），如张震泽《许慎年谱》就采取这一观点。这一观点目前也得到了较多学者的认可，如王蕴智的《中国的字圣许慎》就采用了这一说法。笔者认为第二种说法比较符合情理，因此，本书采信这种说法。也就是说，大约在公元67年，一个后来对中国的语言文字学和古文经学的研究作出突出贡献，在东汉以及整个中国文化史上产生了重要影响的人物——许慎，就在汝南郡召陵县的万岁里呱呱坠地了。

根据古人取名和取字的习惯，人出生后，父母首先要为他取"名"；年龄稍长之后，再根据他的"名"的含义，取一个与"名"相关的"字"。因此，古人往往既有"名"又有"字"。取"字"时，还常常用"伯""仲""叔""季"等字来表示他在兄弟中的排行。例如，《史记·孔子世家》记载，孔子得一子，给他取名叫作"鲤"。"鲤"就是鲤鱼，是鱼类的一种。因为孔鲤在家中排行第一，所以又给他取了一个"字"，叫"伯鱼"。又如，汉代的张霸字伯饶（《后汉书·张霸传》）、鲁恭字仲康（《后汉书·鲁恭传》）等，都是这种文化传统的体现。许慎的父母也按照这种文化习俗在他出生之后不久，就选取"慎"这个字作为他的"名"。因为许慎已经是他们的第三个儿子了，所以，等许慎年纪稍长，按照他的名——"慎"的含义，选取"叔重"这两个字作为他的"字"。

在水草丰美的汝水之滨，在普通而其乐融融的大家庭之中，许慎愉快地度过了他的童年。时间一天天地过去，转眼之间，许慎已经到了上学的年龄，父母便送他到故乡的小学读书。从此，许慎开始了他的求学之路，即将展现在他面前的，是一段十分有趣而又漫长的学习生涯。

第 2 章

勤奋而忘我的求学经历

故乡小学的基础教育

汉代的教育制度，学童一般八岁（古人以虚岁计算年龄，文中所指年龄均为虚岁）进入小学。许慎大概也是在八岁，也就是汉明帝永平十七年（74）进入小学。根据汉代班固《汉书·艺文志》和《汉书·食货志》记载，当时小学主要有"六书""六甲"和"书计"等课程。"六书"是用来分析汉字结构的六种名称，即象形、指事、会意、形声、转注和假借。老师大概就是按照"六书"，通过解析汉字的构形来教学童识认汉字的。周朝和西汉是非常重视识字教育的，据《汉书》记载，西汉时期的法律规定，官吏和百姓上书，如果文书上的字写得不正确，不符合"六书"的规范，就被认为有罪。因此，学童进入小学，首先就要学习识认汉字。许慎刚进入小学，首先也是识认汉字。学习汉字必须有学校规定的标准课本，据《说文解字·叙》记载，许慎当时学习的识字课本主要是《仓颉（jié）篇》。汉代的《仓颉篇》是集合秦代李斯的《仓颉篇》、赵高的《爰（yuán）历篇》和胡毋敬的《博学篇》中的汉字编纂而成的识字课本。除《仓颉篇》以外，还有司马相如的《凡将篇》、史游的《急就篇》、李长的《元尚篇》、扬雄的《训纂篇》等，这些识字课本中，以扬雄的《训纂篇》收字较多，总计有两千零四十个汉字。在小学阶段大概需要掌握五千个以上的汉字，以便为今后学习《诗经》和《左传》等儒家经典打下坚实的基础。由于小学的基础课程主要是识认汉字，因此，后代常常以"小学"来指称文字学，后来又扩大到指称传统的语言文字学，包括文字学、训诂学和音韵学。

在小学里，许慎除了识认汉字以外，还要学习"六甲"。"六甲"即六十甲子，是用"天干"和"地支"相配来推定计算年份时日的学问。"天干"是"甲、乙、丙、丁、戊、己、庚、辛、壬、癸"的总称；"地支"是"子、丑、寅、卯、辰、巳、午、未、申、酉、戌、亥"的总称。古人分别以十个天干和十二个地支依次配合起来，一共可以形成六十个组合，周而复始，循环使用。干支可用于纪年、纪日和纪时。现在的农历纪年还使用这种方法。在六十个组合中以甲为首的干支有甲子、甲戌、甲申、甲午、甲辰、甲寅六组，所以也把这种纪年、纪日、纪时的方法称为"六甲"。许慎在小学学习"六甲"，就是学习如何推算天干和地支的组合。

据《汉书》记载，汉代的小学中，学童学习的内容还有"书计"。"书计"是文字与筹算之类的课程。其中"书"指文字课程，也就是上面说到的"六书"；"计"指筹算，也就是通常所说的算术，这也是汉代小学的基础课程。在识认汉字、学习推算六十甲子和筹算三种课程中，最主要也是最基本的课程，就是识认汉字。许慎也正是把识认汉字作为日常的主要学习活动。过了两三年，许慎就学完了基础课程。这时候，他已经掌握了足够数量的汉字，可以阅读和学习儒家经典和先秦诸子文献了。

学习儒家经典

经过两三年的基础课程学习之后，大概在汉章帝建初元年（76），也就是许慎十岁的时候，他开始学习儒家典籍。汉代讲究宗法礼仪，宣称以"孝"治理天下，是一个宗法和礼制的社会，所以学童在经过识字教育以后，往往还要学习基本的人事礼仪。在儒家典籍中，最能体现基本的人事礼仪的就是《论语》和《孝经》。汉代，从皇室、贵族到普通百姓，都非常重视这两部著作，常常把它们作为首要的学习对象，所以文献中有"皇太子年十二，通《论语》《孝经》"，汉顺帝"始入小学，通《孝经》章句"，范升"九岁通《论语》《孝经》"的记载。许慎最初接触儒家典籍，也是从《论语》和《孝经》开始的。他认读了一定数量的汉字之后，老师就开始教他学习这两部著作。同时，在阅读原著的过程中，许慎根据自己的兴趣爱好，还进一步积累所认知的汉字数量。这样，大概在汉章帝建初三年，许慎十二岁的时候，就已经熟读了《论语》和《孝经》，也渐渐熟悉和掌握了为人处世的基本道理和礼仪。

此后，许慎更广泛地学习儒家经典。这些经典主要有《诗》《书》《礼》《易》和《春秋》，人们一般将这些著作合称为"五经"。两汉时期是经学兴盛的时代，当时的经书分为两类：一类是今文经，是用汉代通行的隶书书写的儒家典籍。例如，《诗》的传本就有鲁人申培的《鲁诗》，齐人辕固的《齐诗》，燕人韩婴的《韩诗》；传授和解释《春秋》的有公羊高的《公羊传》，穀梁赤的《穀梁传》。另一类是古文经，是用汉代不再通行的先秦时期的古文字书写的儒家典籍，因为它们与当时已经被列于学官的今文经有字体上的差异，所以称为古文经。例如，研究《诗》的有《毛诗》，与齐、鲁、韩三家《诗》相对而言；研究《春秋》的有左丘明的《左传》，与《公羊传》和《穀梁传》相对而言。由于今文经是用当时通行的隶书写成的，老师讲授时，一般侧重讲解隐含在文字和语言之内的深奥的微言大义；而古文经则是用当时不再通行的古文字写成的，老师讲授时，就首先要疏通讲解文字的形体和含义。在汉代，今文经一直占统治地位，因此，许慎在故乡学堂接触到的经书，也主要是用隶书书写的今文经。

按照汉代的教育制度，学童掌握了一定数量的汉字，通读了《论语》《孝经》《诗》《书》《礼》《易》《春秋》等儒家经典之后，有的在十五岁左右还要进入太学进一步深造。太学是设立在京城，讲授儒家经典的国家最高学府。在那里，有更丰富的图书资料供太学生们学习，也有更博学的老师为他们继续讲授儒家经典。但是，许慎并没有按照常规在十五岁左右时进入太学，他可能考虑到自己在故乡小学所学的知识还没有达到进入太学的标准，或者也可能有其他的原因。总之，那时许慎仍然留在故乡的小学，继续他的学业。此后，许慎更加勤奋。他学习今文经，除了最基本的记诵经文以外，还在老师的指导下深入地研究经文的意义，并且还钻研《诗》《书》《礼》《易》《春秋》这五种经书之间的关系。这样又经过两年的时间，许慎就已经钻研了基本的儒家典籍，对今文经书也有了比较正确的认识。同时，许慎还进一步搜集和掌握了大量的汉字，到他快要结束小学生涯的时候，就已经掌握了九千多个汉字。按照汉代的法律制度，十七岁以上的学童，如果能够掌握九千个以上的汉字，就能够获得书史小吏的职差。许慎生活的时代，可能并没有严格按照制度组织考试；况且，由于许慎天性向学，没有进入仕途的野心，所以他并没有像其他学童一样参加通向仕宦之途的考试，而是把主要时间和精力都放在学习汉字和儒家经典上。

入选"高才生"

幸运之神总是眷顾有准备的人，许慎就是一个有准备的人。凭借勤奋和努力，许慎在识认汉字方面明显占有优势，在他的同学中显得特别突出。他深入研读经书，积累了丰厚的经学知识和汉字知识，为他进一步深造打下了坚实的基础。就在汉章帝建初八年（83），机遇终于降临到许慎的身上，从此，许慎开始了长达十几年跟随贾逵问学的经历。

汉章帝建初八年，许慎大概十七岁，还在故乡汝南郡的小学学习。《后汉书·章帝纪》记载，这一年的十二月，汉章帝在京师东部巡视，视察当时的陈留、梁国、淮阳、颍阳等地，他看到各地讲授的经书之义互有不同，回到京师洛阳之后就紧急下诏，诏书称："五经"之义相互乖离，距离圣人之意越来越远了，各种经书讲解中的错误和疑难问题很难辨正，这样恐怕就会使先师的微言大义废绝了。这可不是讲解古事，探求圣人之道的做法啊！当时之所以会造成民间所讲经书之义相互分歧、错误百出的现象，主要就是因为一些今文经学家标新立异，不学习古文字，随意阐发微言大义。虽然两汉时期今文经学一直占有统治地位，但是到了东汉时期，它的弊端越来越突出，而古文经学由于治学严谨、学有根柢，优势越来越明显，因而也得到统治者的提倡。汉章帝东巡下诏之后，就下令让京师的儒学大师亲自到各地去选调高才生，让他们到京师系统地学习古文经书。高才生就是指那些才智聪颖，超出常人的特异之士。当时到许慎的家乡汝南郡挑选高才生的儒学大师是贾逵。《后汉书·贾逵传》也记载了贾逵在汉章帝建初八年受诏遴选各地高才生的史实。

贾逵，字景伯，扶风平陵（平陵故城，在今陕西省咸阳市西北约八公里处）人，生于东汉光武帝建武六年（30），是西汉文学家贾谊的九世孙。他的父亲贾徽曾经师从西汉末期古文经学家刘歆学习《左传》《周礼》和《国语》等经史文献，也是古文经学家。贾逵在儿童时代就常常出入太学，遇到问题就向人请教。他自幼受到家学的熏染，秉承其父贾徽的学问，在经学研究上取得了突出的成就。他著述丰富，当时的学者都以贾逵为宗，尊称他为"通儒"。与贾逵同时的还有郑众，是古文经学家郑兴之子。郑众同贾逵一样，也承传父业，成为古文经学家。因此，时人称郑氏和贾氏二族的学问为"郑、贾之学"，在当时传为美谈。贾逵由于精通古文经学，深得汉章帝的信任和倚重，因此被派往汝南郡挑选高才生，那时他已经有五十四岁了。在汝南郡，贾逵走访各类学校和各种教育机构，亲自寻访和测试，挑选可塑之才。在与学童的广泛接触中，天资聪慧、一心向学、勤奋努力、基础扎实的许慎，给贾逵留下了深刻的印象。在对许慎的测试和与他的交谈中，贾逵发现他识认了大量的汉字，基本上能够运用"六书"正确地分析汉字的构形，而且对《论语》《孝经》《诗》《书》《礼》《易》《春秋》等重要的儒家经典也比较熟悉。许慎掌握的这些基本技能、基础知识，以及他天性朴实、勤奋刻苦的个性，非常适合学习古文经学，因此，自然被通经大儒贾逵选中，并深得他的赏识。许慎之子许冲在《上〈说文解字〉表》中也记载了父亲跟随贾逵接受古文经学教育的经历。从此以后，许慎跟随贾逵入京，开始了他继小学之后，长达十几年的京师求学生涯。

进京师从贾逵问学

贾逵受诏遴选各地高才生是在汉章帝建初八年（83）的十二月，因此，许慎进入京师洛阳，正式拜贾逵为师学习古文经学，大概是在汉章帝建初九年（84）之初，这时他大约十八岁。《后汉书·贾逵传》记载，贾逵所选的弟子和门生（再传弟子）进入京师以后，大都拜为千乘王（汉章帝之子刘伉）国郎。许慎是否曾经做过千乘王国郎，现在已经不能确考。但是，他与其他同时被选到京师的高才生们一起，朝夕在黄门署聆听贾逵讲习古文经学，确是实情。当时的学者对此无不表示欣羡，这俨然成为东汉中期古文经学教育上的一件盛事。这一次由皇帝下诏遴选各地高才生，接受古文经学教育的事件，对日后古文经学的兴盛和古文经学最终战胜今文经学产生了深远的影响。

古文经学虽然在两汉时期并没有列于学官，不过，自从西汉末年刘歆、王莽等人极力提倡，那时候在民间就已经有了古文经书的教本。但是因为被立于学官的是今文经学，学习今文经学是士子们通向仕途和享受优越的物质生活的必要基础，因此，当时专门讲授古文经的老师恐怕比讲授今文经的要少得多。许慎在进入京师以前，由于个人爱好可能在研习今文经的同时，也接触过古文经。不过，他对古文经的精研细读，恐怕还是在师从贾逵问学之后。

许慎进入京师学习的时候，大概已经十八岁了，年龄比其他十五岁就进入太学的学生稍大一些，然而这也恰恰是他的优势所在。过去他曾经比别人学习的时间长，个人又非常努力刻苦，因此，掌握的知识自然也比一般的学生更多、更牢固。有了这个扎实的基础，加上他天资聪慧，勤奋好学，在此后的学习中更是如鱼得水，进步飞快。

许慎在京师洛阳的黄门署师从贾逵问学时，学习的经书主要有：《春秋左氏传》(《左传》)、《春秋穀梁传》(《穀梁传》)、《古文尚书》和《毛诗》。这四部经书中《春秋穀梁传》是今文经，其他的都是古文经。可见，贾逵虽然是古文经学家，而且汉章帝下诏遴选各地高才生也主要是学习古文经，但当时对今文经的学习也并没有偏废。许慎在进入京师以前，本来就有良好的今文经学的功底，在这里又进一步加深了对今文经的学习，同时也逐渐奠定了古文经学的基础。自从贾逵在黄门署公开招选弟子讲授经学以来，《春秋左氏传》《古文尚书》和《毛诗》等几部经典开始正式在东汉兴盛起来。而贾逵的弟子许慎等人，也薪火相传，使古文经学进一步发扬光大。经过两三年的时间，许慎就博览了各种经书和其他诸子文献。因此，他在弱冠之年，也就是二十岁的时候，就获得了"少博学经籍"的美誉。

许慎博综儒家经典，在不太长的时间里就掌握了大量的今古文经学的文献。他在学习中发现，今文经学家和古文经学家在研究《诗》《书》《礼》《易》《春秋》等经书时，所持的观点各有差异；就是在今文经学家和古文经学家的内部，他们所持的观点也互有同异。这些不同学派之间和同一学派内部在观点上的差异和矛盾，一方面促进了经学的论争和发展，但是另一方面，各家歧解纷呈，也使初学者感到疑惑，难以确定一个学习的标准，这样也就不利于国家政治和思想的统治。为了辨正各家之说，在汉和帝永元元年（89）前后，许慎下定决心，要将各家经说有差异的地方，撰写成条例，分析它们的差异，表明自己的看法。这就是许慎撰写《五经异义》的缘由。

许慎对于传承中华文化、承载着华夏文明的汉字有着很深的感情。他在故乡上小学时，就已经识认和积累了大量的汉字。在黄门署跟随贾逵学习期间，他进一步接触到古文经书，又积累了一定数量的古文字体。而且他也渐渐认识到，要想学好儒家经典，必须从学习文字入手，只有正确理解了文字的含义，才可能正确理解经书之义，也才有可能发挥儒家经典的政治教化功能。因此，在计划写作《五经异义》之后不久，在汉和帝永元二年（90）前后，许慎就开始构想他的巨著《说文解字》了。

　　许慎不仅跟从贾逵学习今古文经书（主要是古文经），而且还有机会帮助贾逵整理先秦时期的古文献。大概在进入黄门署学习的第七年，也就是汉和帝永元三年（91），许慎大约二十五岁的时候，他的老师贾逵升任左中郎将；汉和帝永元八年（96），又被任命为侍中，兼统领秘书近署。秘书近署指的是当时的东观、兰台等处。在汉章帝和汉和帝时期，东观和兰台是宫内收藏秘籍的地方，相当于现在的国家图书馆。在那里藏有许多重要的先秦古籍和秘籍图书。汉和帝时，国家还没有设立统领东观和兰台等藏书之处的秘书监，所以汉和帝就派贾逵以侍中的身份来统领秘书近署。可见，当时贾逵的学识和声望是相当高的。许慎与老师贾逵朝夕相处，又一心崇尚古文经学，深得贾逵的喜爱，因此，他有机会经常跟随贾逵出入东观和兰台等藏书重地。在那里，许慎见到了许多以前不曾见到，也没有机会见到的，用先秦古文字书写的秘籍图书。他在帮助贾逵整理这些古籍的同时，进一步搜集了许多古文字材料；遇到不懂之处，他就虚心向老师请教，一步步加深了对古文字的认识。许慎出入东观和兰台，翻阅秘籍，向贾逵朝夕问学的经历，使他掌握了大量的古文字和文献资料，这对当时他正在撰写的《说文解字》一书，产生了至关重要的影响。

许慎的《说文解字》初稿写成于汉和帝永元十二年（100），从初创到初稿完成经历了十年左右的时间。古人著书，往往是在书成之后再写序言，许慎创作《说文解字》也是如此。他写的序言称为《后叙》，一般通称为《叙》。《说文解字·叙》的写作时间是汉和帝永元十二年的正月初一，这一天正是中国传统的除旧迎新之日——春节。许慎在举国贺岁之时尚且伏案写作，他学习、著述的辛劳和潜心向学的人生追求是多么令人钦佩啊！

　　两汉时期，由于统治者的提倡，学习经书的人越来越多，这种情形到东汉时期更加突出。《后汉书·儒林传序》记载，当时京师洛阳的学者人数众多，很难一一列载于《后汉书》中，所以范晔仅仅记载了那些在当时成就特别突出、特别有名望的通经大儒。许慎能够以一介贫寒之士，最终载誉史册，如果不是他付出了艰辛的劳动，创作了《说文解字》这样的旷世巨著，是很难被人们认可并百世流芳的。此外，在研读经书的数量上，西汉和东汉的情况又有一些不同。西汉学者大多专治一经，而到东汉时期，兼通两经以上的学者逐渐增多。许慎也是多种经书兼通，而且是今古文经兼通，因此，范晔的《后汉书·许慎传》记载，当时的人们就评价他是"五经无双许叔重"。那时候也有其他一些成就特别突出的学者，如鲁叔陵被誉为"五经复兴"、周宣光被誉为"五经纵横"、井大春被誉为"五经纷纶"，其中"复兴""纵横""纷纶"都是用以评价他们在研读五经上的成就和特点的，但却都不如许叔重"五经无双"的赞誉之高。

许慎对他的老师贾逵非常敬重，他的巨著《说文解字》一书中引用了许多通经大家的说法和观点，比如刘向、班固、扬雄、司马相如等等。其中也引用了他的老师贾逵的说法，全书共有十九次，数量最多，而且许慎引用其他人的说法时都是直呼其名，唯独贾逵，许慎绝不直呼其名，而是称呼他的官职，即贾侍中。称名的不同，反映出许慎对恩师的尊敬，这正是许慎品质淳厚朴实的表现。无论他的知识积累到什么程度，无论他的声望如何，无论他的年龄少长，重情重义、尊师重道的德行都一直是他生活和学习当中一个重要的方面。这种优良的品行对他的仕宦经历和学术研究也产生了重要的指引作用。许慎撰著《说文解字》，不仅在书中直接引用恩师贾侍中的说法和观点，而且，对于一些疑难问题，当他博采众人的观点，而各种观点互有分歧，自己又不能确定正误之时，他首先想到的就是向老师贾逵请教。因此，许慎之子许冲在《上〈说文解字〉表》中说："慎博问通人，考之于逵，作《说文解字》。"所谓的"通人"就是像刘向、杜林、扬雄、司马相如这样的大学问家。当这些通人的观点相互矛盾，许慎经过深思又不能自己解决的时候，他都要请教贾逵，请求老师帮他定夺。可以说，《说文解字》这一巨著，固然是许慎个人智慧和才学的结晶，但是如果没有他跟从贾逵问学的经历，没有贾逵尽心竭力毫无保留的帮助，许慎恐怕也很难取得那样巨大的成就。为此，我们说《说文解字》这部巨著积淀着贾逵的心血，是毫不夸张的。

《说文解字》初稿完成的第二年，也就是汉和帝永元十三年（101），与他朝夕相处十几年的恩师贾逵离开了人世，终年七十二岁。贾逵去世，朝廷上下都为之悲悯。汉和帝为了表示对贾逵的缅怀和对他家庭的照顾，特别任命他的两个儿子为太子舍人。贾逵的去世，更给他的弟子许慎带来了无比的悲痛。想到日后再也不能亲睹恩师的容颜，再也不能与恩师切磋学问，许慎不禁悲从中来。一直为许慎景仰的恩师离去了，许慎无奈地收拾行囊，郑重地收起他刚刚脱稿的、饱含着恩师心血的巨著《说文解字》，来不及向恩师请教其中还留存的疑问，也来不及向恩师表达自己感激的情怀，就这样怀着无比悲痛的心情告别了他朝夕相处的老师，告别了他生活了十七个春秋的京师洛阳，返回到他的故乡汝南召陵。

━━ 第 3 章 ━━

平凡而恪尽职守的仕宦经历

始任汝南郡功曹

许慎在京师洛阳师从贾逵问学的十几年时间里，勤奋努力，一心向学，旁无杂念。那时，"博学经籍""五经无双"的美誉早就传遍了洛阳的大街小巷，也传到了他的家乡汝南郡。许慎为故乡赢得了荣光，自然也受到世人的景仰。许慎为人质朴，品性敦厚。范晔《后汉书》评价他"性淳笃"，"淳笃"就是质朴厚重之意。许慎丰厚的学识，加上良好的道德修养，自然会引起官方的注意，因此，大概在汉和帝永元十三年（101），许慎回到故乡汝南召陵之后没多久，就被任命为汝南郡的功曹。那时许慎大约三十五岁。从此，他开始了平凡而又恪尽职守的仕宦生涯。

"功曹"指功曹吏，是州郡的佐吏，也就是郡太守的下僚，一般由郡太守礼请有才德、有声望的人来担任。功曹这一官职，是从汉代开始设置的，主要掌管制定和发布文书，考核官吏的政绩，以便决定对他们的赏罚，扬善惩恶。功曹有时也参与州郡的政事，协助郡守处理日常公务。功曹当时被看作一郡当中较重要的、地位较高的职位之一，与同样十分重要的督邮一职并列。据《后汉书·郡国志》记载，当时汝南郡治下统辖37城，有404448户2100788人。可见，那时候的汝南郡是一个比较大的郡，许慎能够被选为担任汝南郡的功曹，足见许慎的才德和名望之高。当时礼请许慎为汝南郡功曹的郡太守是张敏，他在汉和帝永元十一年（99）被任命为汝南郡太守。《后汉书·张敏传》记述，张敏在汝南郡太守任上，为政清明简约，公平正直，深得汝南郡百姓的爱戴。而他所任用的功曹许慎也是德才兼备，《太平御览》引用《汝南先贤传》说："许慎为郡功曹，奉上以笃义，率下以恭宽。"也就是说，许慎在功曹任上，忠于职守，侍奉上级重情重义，统率下属也恭谨宽厚，绝无骄矜之态，这也正是他一贯的淳笃品性的表现。许慎凭借着他的声望和德才，在汝南郡功曹任上，得到了同僚的敬重和推许。清廉正直的太守张敏，与恭谨宽厚，同样正直的功曹许慎，二人代表了清廉爱民的封建官僚形象。他们二人的合作，共同建构了汝南郡的清廉平正的封建官署，从而可以想见当时汝南郡百姓安居乐业、其乐融融的景象。

许慎在汝南郡功曹的任上，大概经历了三年的时间。在这期间，他除了恪尽职守，处理好功曹一职的分内之事以外，并未因为公务的繁忙而荒废自己的学业。由于他对儒家经典和古文字的喜爱，闲暇之时，他就把主要精力放在了阅读文献和搜罗古文字的工作上，并根据自己搜集的新材料和新发现，进一步修订已经成稿的《说文解字》，同时还在继续撰写他的《五经异义》。

再任太尉府南阁祭酒

在汝南郡功曹任上，许慎的才学和品德进一步彰显出来，得到同僚的认可和称许。三年以后，也就是汉和帝永元十六年（104），许慎大约三十八岁，他又迎来了第二次仕宦经历。

《后汉书·许慎传》记载，许慎在担任汝南郡功曹之后，还有过"举孝廉"的经历。按照汉代制度，郡国举荐士子的名目大概有三种，分别是贤良方正、孝廉、博士弟子。发展到后代，它们就分别指选拔官吏的科目了。作为汉代选拔官吏的科目——孝廉，"孝"指孝子，"廉"指廉洁之士，孝廉虽不是官职，但却是儒士们仕宦升迁的必经之路。东汉时期举孝廉是有条件和人数限制的，国家根据郡国的人口数量来决定察举孝廉的人数。《后汉书·百官志》载，郡国人口在20万以上的，每年察举1人；40万以上的，每年察举2人；60万以上的，每年察举3人；80万以上的，每年察举4人；100万以上的，每年察举5人；120万以上的，每年察举6人；而人口不满20万的，两年才能察举1人；不满10万的，三年才能察举1人。汉和帝永元十三年（101），皇帝又下诏补充：边境地区的郡国，人口如果在10万人以上的，一年就可以察举孝廉1人；不满10万人的，两年察举1人；5万人以下的，三年察举1人。这是根据所在郡国的人数来限定察举孝廉的人数。那时，许慎所在的汝南郡有人口2100788人，是当时的大郡，所以每年可以察举孝廉6人。那么，和许慎一同察举孝廉的应该还有另外的5人。

察举孝廉，除了有人数的限定以外，还有年龄的限制。东汉的崔瑗在《上言孝廉疏》中说：我听说孝廉，都限定年龄在三十岁才能够察举，这样恐怕会失去贤德之才呀。这大概说的是汉和帝年间发生的事。由此可知，当时察举孝廉，年龄至少应该有三十岁。到了汉顺帝阳嘉元年（132），左雄还曾经上书谏议，察举孝廉应该限制年龄在四十岁以上。

不过，无论三十岁，还是四十岁，也都只是一个大致的年龄范围，对于那些孝悌而又有奇才的人，也不一定局限于这个年龄。许慎就是在三十多岁时被举荐为孝廉的。

在汉代，察举孝廉之前，许多儒者大都曾经在本郡之内担任过职务。例如，《后汉书·马援传》记载，马援的族孙马棱先在郡内任功曹，然后举孝廉。又如，《后汉书·袁安传》记载，袁安最初在县内任功曹，然后才举孝廉。许慎也是如此，他先在汝南郡担任功曹一职，然后才由于品性和才学超群，被举荐为孝廉。

推举孝廉，最初以孝悌廉洁为先，而在东汉时期，孝廉这一科目早已失去了西汉初期设置的原始意义。因为孝廉不是官职，只是考试的门类，所以，东汉时期，儒学之士在察举孝廉之后，还要到京师参加考试。考试合格，才能根据具体情况授以官职。汉代选拔官吏，要把孝廉分成四科进行考核。第一科是品德高尚，操守清白；第二科是品行端正，博通经书，能够讲授经义；第三科是明晓法令，能够判断疑案，可以做御史；第四科是刚毅而多谋略，遇事不迷惑，可以治理京师周围的地区。根据汉代卫宏的《汉官旧仪》记录，参加第一科的考试，如果合格，就会授以"西曹南阁祭酒"的官职，"西曹"是太尉的属官。

据许慎之子许冲《上〈说文解字〉表》记载，许慎曾经担任过太尉南阁祭酒，这说明许慎被推举为孝廉之后，进京参加的是第一科的考试。南阁祭酒是太尉府的属官，南阁也称黄阁，指官署的门，也用以代称官署。祭酒本来并不是官职之名，在古代，众人饮酒聚会的时候，要推举长者首先举酒祭神，因此，凡是同辈中的年长者，都可以尊称为祭酒。到了东汉时，祭酒就用来指称官职了，太尉南阁祭酒是太尉府南阁属官中地位最高的一位官吏。许慎通过孝廉第一科的考试之后，就担任了太尉府南阁中的最高长官，由此可见许慎的德行之高、学问之大。担任太尉府南阁祭酒，是自许慎担任汝南郡功曹以后的第一次升迁。从此以后，许慎再次来到京师洛阳，开始了崭新的生活。

许慎在南阁祭酒任上从事政治活动的具体情况，由于材料缺乏，已经不可确考了。但是，可以确定的是，许慎来到京师以后，仍然在继续他的学术研究。这一时期，许慎创作了他的另一部著作《淮南鸿烈间诂》。同时，他还曾受命到东观校书，这对于《说文解字》的最终定稿和《五经异义》的完成也起着至关重要的作用。

被任命为洨长而没有就职

许慎在任太尉府南阁祭酒期间，还曾经在当时的国家图书馆东观校理群书，并且为儒学弟子讲授五经，这样持续了很长一段时间。汉安帝元初六年（119），许慎大约五十三岁，全国发生了大规模的地震。据《后汉书·安帝纪》记载，元初六年二月，京师洛阳以及其他四十二个郡国都发生了地震。这次地震波及范围之大、破坏之重，令人难以想象。当时地面坼裂，泉水从地下涌出，形势非常危急，人员伤亡和财产损失十分严重。这次大地震，震动了朝野。大概在地震后的第七天，皇帝下诏，选派优秀的官员去发生地震的各个郡国察看灾情，负责领导赈灾的活动。当时皇帝诏选官吏的来源和选派标准主要有两个：一是让三府（太尉、司空、司徒）选择那些能够恩惠和治理百姓的属官各五人，二是让光禄勋和中郎将选择宽厚有谋略而又志行清白的孝廉郎五十人。选出这些官吏之后，让他们分别到地震灾区的郡县担任"令""长""丞""尉"等官职去抗震救灾。许慎虽然当时在东观校书和教授五经，但是，他仍然担任太尉府南阁祭酒的职务。因为许慎性情淳厚、为人谦和、仁爱百姓，所以，在这次诏选官吏赶赴灾区任职赈灾的事件中，许慎自然也在被选之列。

许慎入选赈灾官吏之后，被派往浟（xiáo，今安徽省固镇县东部）这个地方担任浟长之职。东汉时，浟县属沛郡，浟县有"垓下聚"，就是历史上刘邦围困项羽的"垓下之围"处。按照汉代的职官制度，一县之内如果超过万户家庭，该县的最高长官，就称为"令"，每年的俸禄是一千石；如果该县的家庭不满万户，那么它的最高长官，就称为"长"。当时洨这个地方的家庭不足万户，许慎就被任命为"洨长"。虽然许慎所得到的俸禄比"令"的俸禄要低得多，但是，与他担任太尉南阁祭酒时每年大概三百石的俸禄相比，已经多出了一百石。这样看来，许慎是得到了升迁。

升任洨长之时，许慎大约已经五十三岁了。在这之前，许慎常年出入东观校理群书，讲授五经，同时，他还要争分夺秒地潜心撰写学术著作。许慎由于身心过度劳累，在接到任命通知之后，因为积劳成疾，不久就病倒了。考虑拖着病体赶赴灾区任职，恐怕会影响赈灾活动，妨碍当地灾民的生活，从而给国家造成更大的人员伤亡和经济损失，因此，许慎就称病推辞，最终没有到洨地任职。正是因为如此，许慎的儿子许冲向朝廷呈上《说文解字》时，称父亲是"故太尉南阁祭酒"。"故"是指前任，就是说许慎在被任命为洨长之前任过太尉南阁祭酒。因为许慎并没有真正担任过洨长，称他为洨长不太合适，所以只好称他为"故太尉南阁祭酒许慎"。

有人认为，许慎不到洨地任职，并不是真的生病，而是因为洨地距离京师遥远，没有丰富的图书资料，也没有便利的读书条件，而且因为刚刚发生地震灾害，浚地一定是满目疮痍，这时候如果到那里任职，就没有时间和精力来进行他的学术研究和创作了，所以他就称病不去赴任。不过，以许慎一贯的淳厚质朴的品性，他是不会弄虚作假，以生病为托词而拒绝去浚地任职的。在担任汝南郡功曹一职时，他对待郡守重情重义，对待下属宽厚仁慈；他在太尉南阁祭酒任上，被诏进入东观校书，讲授五经时，还因为人品和才学，深得马融的推崇和敬重。从这些事实来看，在国家发生灾难之时，临危受命，许慎是不会因为个人的一点私利而推辞参与国家救助百姓的活动的。

综观许慎为官的经历，自从汉和帝永元十三年（101），他大约三十五岁开始任职汝南郡的功曹，后经过察举孝廉，于永元十六年担任太尉南阁祭酒，到汉安帝元初六年结束太尉南阁祭酒一职，经历了十八九年的时间。他在任职期间，为人清廉，深得同僚和百姓的信任和推崇。

第4章

严谨求实的学术研究活动

《淮南鸿烈间诂》的创作

许慎跟随贾逵进京问学期间，发愤读书，博闻强识，那时就获得了"少博学经籍"和"五经无双许叔重"的美誉，从此"五经无双"的赞誉伴随了他的整个人生，即使在担任汝南郡功曹和太尉府南阁祭酒期间，他也依然笔耕不辍，完成了《说文解字》《五经异义》《淮南鸿烈间诂》等有影响的著作。许慎不仅勤于创作，而且治学态度非常严谨。他的巨著《说文解字》，虽然早已完成了初稿，但是直到汉安帝永初四年（110），已经过去了十年，他还一直没有上奏给朝廷，仍然在不断地修改和完善。这种不为名利，全身心地投入学术研究的精神和品质，是他淳笃品行的一贯体现，是十分让人钦佩的。

许慎很早就开始撰写《五经异义》和《说文解字》，但是因为一直没有定稿，尚未正式献给朝廷，所以当时并不为多数人所知。许慎第一部面世的著作是《淮南鸿烈间诂》，这是他在担任太尉府南阁祭酒期间完成的。

《淮南鸿烈》也称《淮南子》，是西汉淮南王刘安及他延请的宾客共同撰写而成的。许慎为它作注，称为《淮南鸿烈间诂》，也称《淮南子注》。"间"是间隔夹杂在原文之中，"诂"就是训释、解释之义，"间诂"大约就是在原文中夹杂注释之义。该书题为"汉南阁祭酒许慎注"，可知是在许慎任职太尉府南阁祭酒时所撰。根据史书记载，汉安帝永初二年（108）七月，皇帝下诏命令推举有道术、通晓灾异阴阳五行学说之人。那时候，正是东汉阴阳谶（chèn）纬之说盛行之时。"谶纬"，是东汉时期今文经学内部流行起来的一种神学迷信，"谶"是巫师或方士制作的一种隐语或预言，作为人事吉凶的征兆；"纬"是方士化的儒生将各种带有预言和征兆性质的现象编集起来附会儒家经典的各种学说。当时的今文经学家，常常拿自然界中的灾害和灵异之事附会政治和人事，刘安的《淮南子》一书，正是以多言道术和阴阳灾异之事著称的。该书产生较早，比较难读。许慎大概就是在这种情况下，顺应了社会发展的潮流和统治阶级的需要注释《淮南子》的。在现存的《说文解字》中，许慎常常引用《淮南鸿烈间诂》的内容，这些内容与后代学者辑录的内容大体相同，因此，《淮南鸿烈间诂》应该成书于《说文解字》定稿之前，其成书时间大概在汉安帝永初三年（109）许慎进入东观校书之前。

东汉末年，学者高诱也注释过《淮南子》，他的著作称为《淮南鸿烈解》，也称《淮南子注》。高诱是马融弟子卢植的门生，马融比许慎大概小十二岁，因此，高诱的《淮南鸿烈解》成书时间一定晚于许慎的《淮南鸿烈间诂》，高诱也许还曾经参考过许慎的注释。两部书问世以后，后代学者常常并称引用，比如唐代学者李善注释《昭明文选》引用《淮南子注》时，就特别区分了许慎注和高诱注。从现在留存下来的《淮南子》的注文来看，许慎作注，只注难以理解之处，注文简洁流畅，阅读起来比较方便。大约在宋代，许慎的《淮南鸿烈间诂》就失传了，只有高诱的《淮南鸿烈解》流传下来。据学者考证，许慎之注和高诱之注常常混合在一起。后来，一些学者开始从许慎之后引用《淮南鸿烈间诂》的其他文献中辑录相关条目。比如，清代孙冯翼辑录有《淮南子注》五卷；陶方琦辑录有《淮南子注》五卷，存疑四卷；蒋白豫辑录有《淮南子注》一卷；黄㸷（xì）辑录有

《淮南子注》一卷；民国叶德辉辑录有《淮南鸿烈间诂》二卷；今人蒋礼鸿先生还从李善的《昭明文选注》中辑录了若干条目。

刘安的《淮南子》是一部宣扬道术和阴阳五行观点的著作，这部书在汉代受到重视，与当时今文经学中盛行的阴阳谶纬之说有重要的关系。许慎本来是古文经学家，是反对阴阳谶纬之说的。他撰著《说文解字》要从根本上反对今文经学家随意解释文字的弊端；他撰写《五经异义》，分析今古文经学家解释五经的异同，其根本目的仍然是通过辨正各家经说来宣扬古文经学。但是，又不得不承认，在当时的政治和学术环境下，许慎不可避免地受到了阴阳五行学说的影响。

《五经异义》的创作

许慎通晓今古文经之后，有感于"五经传说，臧否不同"，决心统理五经乖异之文，撰写了《五经异义》。《五经异义》共十卷，成书早于《说文解字》，初创于汉章帝建初四年（79）前后，在许慎校书东观时期完成，与《淮南鸿烈间诂》的产生时间大致相当。《后汉书·章帝纪》记载，建初四年，汉章帝采纳校书郎杨终的建议，下诏"将、大夫、博士、议郎、郎官及诸生、诸儒会白虎观，讲议五经异同"。这就是东汉时期著名的白虎观会议。后来还颁布了《白虎通德论》，也称《白虎通义》或《白虎通》，并把它作为讲授五经的教材。许慎创作《五经异义》应该与此有关。当时各家讲授五经多有不同，许慎跟从老师贾逵问学期间，接触到的今古文经说逐渐增多，他也更深刻地感受到了这一点。《白虎通义》的颁布为许慎创作《五经异义》提供了第一手有关"五经异同"的资料。于是，面对五经之说歧解纷呈的局面，许慎以挽救五经之业为己任，创作了《五经异义》。

《五经异义》除《后汉书·许慎传》载录以外，《隋书·经籍志》《旧唐书·经籍志》《新唐书·艺文志》等也有载录。但遗憾的是，唐代以后，《五经异义》就失传了。我们今天所见的，都是后人从各种文献引文中辑录出来的。清代余萧客撰《古经解钩沉》，从历代称引《五经异义》的文献中，辑录了四十五条左右。王谟辑有《五经异义》二卷，有郑玄的驳文。陈寿祺辑有《五经异义疏证》三卷，有一百一十多条，较为详备，也包含郑玄的驳文。

关于《五经异义》所统录的各家经书的类别，清人惠栋曾在他的《后汉书补注》（见清伍宗曜辑《粤雅堂丛书》）中作过统计。大致涉及《易》《书》《诗》《春秋》《周礼》《礼记》《仪礼》《明堂》《月令》《孝经》《山海经》等十多种先秦文献以及至少三十五家之说。许慎虽然站在古文经学的立场上著书立说，但是对于今文经学的可取之处也没有妄加排斥。因此，《五经异义》所引各家之说，既有古文经学中的《毛诗》，又有今文经学中的齐、鲁、韩三家诗。许慎以严谨求实的学术研究态度，实事求是，博采众说，唯真理是求，体现了一代经学大师博综古今的宽厚胸怀。

由于原书已经失传，《五经异义》的完整体例已经很难考证。根据清人的辑录，大略可知，许慎讨论问题，往往先列出标题，在每一标题之下，列出经师的遗说，并标明姓氏，然后指明今古文经学之间或两个学派内部的异同，证据确凿的，最后还要说明自己的意见。存录遗说一定标明经师姓氏的做法，优于先前的《白虎通义》，体现了许慎一贯严谨的治学态度和学术规范，历来为研究者称赞。

《五经异义》讨论的问题，古籍中载录的完整标题仅有三个，分别是"第五田税""第六天号""第八罍（léi）制"，今人张启焕等根据清人陈寿祺所辑《五经异义疏证》的内容，重新将一百一十多条内容分类，共归纳出二十五个条目，分别是：

第一　田税、役赋类（主要有田税、井田税、役税等）

第二　天号（释天）类（相当于《尔雅·释天》，主要解释春、夏、秋、冬等所称天之名号及称名原因）

第三　礼制类（主要解释礼器和各种器皿）

第四　祭祀类（主要有祭天、祭祖考、祭宗庙等）

第五　虞主类（主要解释不同时代、不同地位等级的人葬后虞祭时所立神主的情况）

第六　灶神类

第七　明堂制类（主要解释明堂的作用和形制）

第八　台观、朝觐类（主要解释各种台观之名和作用，解释朝觐制度与不同称名）

第九　婚冠类（主要解释男子冠礼和婚姻之制）

第十　诸侯之数类（主要解释各代诸侯之数及朝宿之邑）

第十一　刑治类（主要解释刑于大夫之礼）

第十二　声乐类（主要说明《诗经·郑风》的性质与先王之乐的作用）

第十三　名与字类

第十四　九族、爵号类（主要说明九族的内容和天子是否有爵号）

第十五　天子驾数类（说明天子驾乘之数）

第十六　五玉、服饰类（说明古代五等爵号诸侯所执的五种玉和各种服饰）

第十七　禄位类（说明诸侯、大夫世禄、世位之礼）

第十八　立庙、朝会类（说明君王立庙之制，以及妾母是否称夫人等问题）

第十九　奔丧类（说明不同等级的人死后奔丧之礼，此类内容较多）

第二十　复仇类（说明可复仇与不可复仇之事，复仇年限等）

第二十一　天文、地理类

第二十二　城垣类（说明天子以下不同等级的人的城垣高度）

第二十三　五行类（说明五行的具体称名）

第二十四　天象类

第二十五　征象类（这两类主要解释星象以及灵异之兽、之事与祥瑞灾祸之间的关系）

以上条目名称和类别，是根据陈寿祺的辑佚内容归纳的，与《五经异义》原书相比，肯定有一定距离，或者现有条目概括得不够妥当，或有未能辑备的条目。其中第二十四天象类和第二十五征象类，内容大体相同，都是通过各种星象和灵异之兽、之事来附会世事，分为两类似有不妥。不过，根据以上二十多个条目，我们多少还是能够了解《五经异义》的基本内容。

许慎虽然主要以古文经学家名世，但是，他在《五经异义》中表明自己观点的时候，并不摒弃今文经说，这与他的《说文解字》的思想是完全一致的。在今文经学占主导地位，古文经学逐渐发展的东汉中期，这对糅合今古文经学两大派别之间的矛盾，提高古文经学的地位起到了重要作用，产生了深远的学术影响。后来，东汉末期精通今古文经的大师郑玄创作了《驳〈五经异义〉》，虽然郑玄题名为"驳"，但事实上其中也有很多条目不是驳，而是补充说明许慎的观点。这表明《五经异义》诞生之后不久，就引起了东汉中后期学术界的重视。后代学者研治十三经，也常见有引用《五经异义》的，例如唐代的孔颖达作《五经正义》、贾公彦作《周礼疏》都曾引用；即使研治历史的学者也常引用，例如唐代杜佑撰著《通典》引用过《五经异义》的内容。

　　《五经异义》在唐代以后失传，恐怕与唐代以后的文化制度有关。唐太宗时，因为讲授五经没有定本，各家经说又相互乖异，致使学者无所适从。于是皇帝下诏让孔颖达等人校正五经，重新进行疏证，并颁布了五经定本，此后历代都以此作为法定的学习教材，并在此基础上发展成为十三经。因此，《五经异义》的社会价值与以前相比略有降低，也就很少有人再习用。在这样的情况下，《五经异义》逐渐失传也就在情理之中了。

东观校理群书结识马融

许慎任职太尉府南阁祭酒时已成为古文经学阵营的中坚力量，在京师的学术界享有极高的声誉。他治学谨严，一丝不苟，加上他在汉和帝永元八年有过跟随老师贾逵在东观和兰台整理古籍的经历，因此，时隔十四年之后，许慎又被皇帝诏到东观校书。这一次许慎不再是作为随从人员，而是作为学术骨干参与图书整理的。

《后汉书·安帝纪》和《后汉书·邓后纪》记载，汉安帝永初四年二月，邓太后诏选五经博士、议郎、四府掾（yuàn）史五十余人，到东观校订五经、诸子传记和各种文集。东汉时期，"四府"是太尉、司徒、司空、大将军（或太傅）府的合称，"掾史"是"四府"的属官。太尉府有掾史二十四人，许慎当时正担任太尉府南阁祭酒，正是太尉府的掾史之一。由于他博学经籍，"五经无双"，声望很高，就被征召到东观校理群书了。当时一同被征召的还有刘珍、马融、窦章等人，而造纸术的发明家蔡伦也曾负责典校图书之事。

汉安帝永初四年，在皇家图书馆东观校书，是许慎和古文经学家马融的第一次相遇和学术合作。马融，字季长，扶风茂陵成欢里人，与许慎的老师贾逵是同乡。马融生于汉章帝建初四年，卒于汉桓帝延熹九年（166），终年八十八岁。马融大约比许慎小十二岁。永初四年，他被任命为校书郎，在东观校书。马融仪容俊美，博通经籍，但他的仕宦之途却充满波折。他一生的主要经历就是在东观典校图书、教授门徒和著书立说。《后汉书·马融传》记载，他教授的学生有一千余人，其中著名的有卢植和郑玄。马融出身豪门贵族，为人骄贵，任情使性，生活奢华，不拘小节。他教授学生时，常常坐在高大的厅堂之中，布置上绛红色的纱帐，他在前面教授学生，后面还要让擅长歌舞的艺妓顺次排列。马融弟子虽然众多，但是能够登堂入室，得到他亲自传授学业的只有五十余人。像郑玄这样天资聪颖，后来成为通经大儒的饱学之士，拜师马融门下，三年都未曾见过老师。其他学生，马融就常常派学识和水平较高的弟子去给他们传授学业。

不仅对弟子如此，对比他年长的通经大儒，马融也常常品头论足。《后汉书·马融传》记载，他曾经想注解《左氏春秋》，不过，前辈贾逵和郑众都注解过这部书，他看了之后，说："贾君注解得精密，但不广博；郑君注解得广博，但不精密。"贾逵和郑众都是东汉古文经学的通经硕儒，他们的学问号称"郑、贾之学"，门人子弟中也有很多都是名士和大儒，马融的朋友崔瑗的老师就是贾逵。马融对贾逵、郑众二人注释《左氏春秋》既有褒扬，又有不满，从中可以想见马融的才学和性情。马融虽然为人骄贵，纵情使性，但是他对贾逵的弟子许慎却赞扬有加。据《后汉书·许慎传》载"马融常推敬之"，即马融对许慎十分推重和尊敬。马融和许慎，都是古文经学名家。他们都曾经用心攻读和注释《淮南子》和《汉书》。在东观校书期间，二人常常相互切磋、相互问难，在这种交流中，二人的今古文经学日益精进。马融越来越感觉到许慎淳笃的品行和博大精深的经学成就。许慎比马融年长，其《淮南鸿烈间诂》成书于马融《淮南子注》之前，因此，可以说他对马融的治学道路有一定的影响；在二人的交往中，许慎也会从中受益。他们二人的合作和切磋问难，为后来古文经学的盛行，以及今古文经学的最终合流作出了重要贡献。

许慎和刘珍、马融等人在东观校书的主要任务就是补充和校正典籍内容中的脱衍和讹误。那时候，许慎的巨著《说文解字》还没有献给朝廷。他这次到东观校书的经历，使其得以近距离地接触那些难以见到的典籍和各种珍贵的版本材料，这对于正在修订和完善中的《说文解字》极具价值意义。我们现在看到的《说文解字》中引用的大量古文字材料、今古文经，以及"通人"之说，恐怕与他这次东观校书有一定的关联。

《后汉书·邓后纪》记述，朝廷为了表彰许慎、马融等人校订五经和诸子百家文献的功绩，赐给了他们数量不等的葛布。校书之事完毕以后，朝廷又诏选中官近臣，让这些通经大儒在东观为他们讲授经书。"中官近臣"是指那些经过阉割的在皇帝身边的亲近之臣，也就是我们后世所说的太监。许慎之子许冲《上〈说文解字〉表》记载，许慎在东观校书期间，教授的中官近臣主要有孟生和李喜等人。这些中官近臣能够在皇家的藏书重地亲自聆听名震京师的"五经无双"的通经硕儒许慎讲授五经，是何等荣幸的事情啊！这次整理校订典籍、讲授五经的活动，荟萃了全国各地博学今古的通经硕儒，他们相互交流，传授经学，共同促进了东汉文化和学术研究的发展，是东汉历史上重要的文化盛事之一，也是许慎学术生涯中很重要的一次经历。

回到故乡继续修订《说文解字》

汉安帝元初六年二月，举国发生大地震，不久，许慎被派往洨地担任洨长，救助当地的灾民。但是许慎因病没有到洨地赴任，他的仕宦生涯也就此彻底结束了。就一般情况来说，许慎担任官职的时间并不算太长，担任过的官职也较少，而且，就是在担任时间较长的太尉南阁祭酒之任上，他的主要活动也都是在皇家图书馆东观进行的。在这里，他校理群书和讲授五经，完成了《五经异义》，进一步修订和完善凝聚着他一生心血的巨著《说文解字》。可以说，他的仕宦经历是与他的学术活动和学术创作紧密地联系在一起的。

许慎向朝廷上书，称身体不适，不能到洨地任职。他的请求被朝廷准许。不久，许慎就从京师洛阳回到了故乡汝南郡召陵。许慎为官清廉，又主要从事学术研究活动，因此，他离开京师的时候，随身携带的主要是这些年在京师积累的重要文献资料，还有他最为珍爱的、还未最后定稿的《说文解字》，除此之外，就只有一些衣物等简单的行囊了。许慎回到故乡以后，没有因病而停止他的学术研究。他在居家的日子里，没有了仕宦之时朝廷政务的烦扰，也没有讲授五经的辛劳，更没有迎来送往的人事的嘈杂。这时候，许慎真正获得了适合自己进行独立学术研究的自然和人文环境。另一方面，许慎在东观校理群籍期间，又搜集了丰富的古文字和各种版本、各种类型的文献资料，因此在回归乡里的这段清静的日子里，他就全身心地投入学术研究之中了。

许慎回到家乡，进行的第一项学术工作，就是修订和完善《说文解字》。我们可以想象，许慎修订《说文解字》，每改一处，都要重新誊写。这种改写工作，对于身体欠恙的许慎是非常艰难的。许慎就这样夜以继日地修订和一遍一遍地誊写《说文解字》，他的病情也一天一天地加重了。

就在这种情况下，许慎非但没有停下手边的工作好好休息，保养身体，在修改和完善《说文解字》的同时，他甚至还刻苦钻研古文《孝经》。古文《孝经》是西汉昭帝时鲁国掌管教化的官员所献的。东汉光武帝建武年间，经学家卫宏曾经讲授古文《孝经》，但那时都是老师和弟子口耳相传，还没有官方的定说。鉴于这种情况，许慎不顾身体的劳累和病况，深入研读《孝经》，撰写了《孝经孔氏古文说》一卷。许冲献上《说文解字》时也把这部书一并献给了朝廷，但遗憾的是，如同许慎的大多数著作一样，《孝经孔氏古文说》也没有流传下来。

奉上《说文解字》

许慎回到家乡以后，虽然拖着病体，但他一天也没有放弃过对《说文解字》的修订和完善。这项工作一直持续了两三年的时间，而许慎的身体健康也每况愈下。他想到自己可能不久就会离开人世，担心耗费了三十年心血，还没来得及面世的《说文解字》也将会随着他的离开而销声匿迹。无奈之下，他忍受着病痛的折磨，对《说文解字》进行了最后一次修改，将原稿誊写清楚，准备献给朝廷。但这时，他的身体已经非常虚弱，没有能力长途跋涉，亲自赶赴京师洛阳了。于是，在汉安帝建光元年（121），许慎就派他的儿子许冲向朝廷奉上了《说文解字》。

许冲受父亲之托，于建光元年的九月二十日，写了一篇《上〈说文解字〉表》，叙述了《说文解字》和他父亲许慎的情况。因为父亲已经病重，许冲不敢有丝毫的懈怠，他日夜兼程，不顾旅途的疲惫和劳累，一心想早日把《说文解字》呈献给朝廷，以完成父亲的重托。几天之后，许冲终于来到了京师洛阳。当时，许冲从宫殿正门旁边的左门进殿，受到召见。许冲呈上父亲的著作《说文解字》，受到朝廷的嘉奖。据《上〈说文解字〉表》记载，太监饶喜根据诏书赏赐给了许冲四十匹布，以表示对许慎学术研究和《说文解字》的肯定。至此，这部大约从汉和帝永元二年就已经开始构思，到永元十二年就已经完成初稿的巨著《说文解字》，又经过了二十二年的不间断的重新修订，终于在汉安帝建光元年问世了。许冲当时献上的，还有许慎的另一部著作《孝经孔氏古文说》一卷。

《说文解字》，耗费了许慎三十多年的人生经历，积淀着他毕生的心血，是许慎一生学术研究的结晶，也是许慎众多学术成果中唯一流传下来的一部著作。许冲献上《说文解字》时，还为此写了一篇《上〈说文解字〉表》，叙述了许慎创作《说文解字》的经历，统计了《说文解字》的字数，根据《上〈说文解字〉表》我们得知，《说文解字》全书，正文有 14 卷，加上"后叙"和"目录" 1 卷，共 15 卷，全书共 133441 字。《说文解字》是一部研究汉字构形、汉字本义的学术著作。它一经诞生，就在东汉的学术界产生了重要的影响，在东汉中后期的今古文经学的斗争和融合中发挥了重要的作用。

隐居乡里讲授传播五经

许冲献上《说文解字》之后，又日夜兼程地赶回了故乡汝南郡召陵。许冲向父亲详细地汇报了进献《说文解字》的经过，以安慰还在病床上挂念此事的许慎。得知《说文解字》已经被朝廷采纳，许慎无比激动，他三十多年的心血终于没有白费。愉悦的心情，似乎也使他的病情减轻了不少。此后，许慎就在家安心静养，经过了较长的一段时间，他的身体竟然奇迹般地渐渐恢复了。

许慎在跟随贾逵问学期间，就已经获得了"五经无双"的美誉，名震京师，后来他在任职太尉南阁祭酒期间，又得到晚辈马融的推崇和敬重，当他的《说文解字》献给朝廷之后，他的名望也比先前更高了。因此，他隐居乡里之时，就有许多喜欢经学的儒生慕名前来向许慎请教问学。这时候的许慎已经有六十多岁了，虽然他的身体已经逐渐好转，但是毕竟大病一场，而且年岁又比较大了，身体还是比较虚弱。不过，许慎向来以宽厚恭谨著称，无论在仕宦期间对待同僚，还是在问学期间对待老师贾逵，都是如此。居家之时，他对待前来问学的后辈，也是如此，秉承了他一贯宽厚仁爱的品性。许慎没有因为虚弱的身体而拒绝任何一个前来问学的儒生，相反，还十分关心这些晚辈，毫无保留地将自己的学问传授给他们。

《后汉书·西南夷传》记载，来到汝南郡召陵县许慎的家乡来问学的儒生，有一个叫尹珍。尹珍，字道真，毋敛人。毋敛，东汉时属于牂（zāng）柯郡，位于现在的贵州省境内。毋敛当时属于西南边陲地区，距离以京师洛阳为中心的中原地区十分遥远，尤其在古代交通和通信极不便利的情况下，那里的经济和文化都相对比较落后。尹珍长期居住在相对闭塞的边陲地区，对各种文化和礼仪了解得十分有限。他深知这将会限制他在经学方面的发展，也会影响到他的前途。因此，他打算去经济和文化比较发达的中原地区拜师学艺。于是，大约在汉桓帝时，尹珍不辞辛苦，翻越千山万水，经过长途跋涉，来到中原地区。在这里，他了解到京师有很多学问渊博的通经大儒，其中就有"五经无双"的许慎。尹珍崇尚许慎的人品和博学，决定拜许慎为师学习五经。而这时候许慎早已年老居家。于是，建和元年尹珍又从洛阳来到许慎的家乡，正式拜许慎为师。这一年，许慎大约八十一岁。

许慎虽然年事已高，身体虚弱，但是他并没有拒绝远道而来问学的尹珍。他本着关爱后学、传播经学的宗旨，悉心教授尹珍五经之义。尹珍后来还拜应奉为师学习谶纬之学。应奉是东汉末期学者应劭的父亲。也就是说，尹珍跟从许慎学习的主要是古文经典，跟从应奉学习的则主要是今文经学中的阴阳五行和谶纬学说。尹珍学成之后回到家乡毋敛，开始教授经学，把他从许慎和应奉那里学到的古文经学和今文经学传授给乡人，使那些没有机会到中原求学的年轻人，在自己的家乡就可以学习到先进的中原文化。从此，在距离京师遥远的西南边陲毋敛，才开始有正规的经学传授，经学也逐渐在这里发扬光大。在经学从中原到西南边陲的传播过程中，毋敛人尹珍固然起到了最直接的推动作用，但是如果没有许慎和应奉全心全意毫无保留的教授，尹珍所取得的成果恐怕也不会那么突出。因此可以说，许慎博大精深的经学，是凭借尹珍这个桥梁远播到了西南边陲，从此，许慎的经学就在那里生根发芽。

这一时期远道而来向许慎问学的儒生还有高彪。高彪，字义方，吴郡无锡人。高彪同许慎一样，出身寒微，不善言辞，但却聪敏好学。《后汉书·高彪传》记录，高彪最初打算拜马融为师，但是马融为人骄贵，纵情使性，高彪来访时，他没有会见，更没有答应他拜师求学之事。高彪对此尤为不满，他写了一封信给马融，表达了自己的看法，然后就走了。马融看到这封信之后，知道高彪才学出众，十分惭愧和后悔，想让高彪回来，接受他拜师的请求，但是高彪并没有回头。不久，高彪就转而拜许慎为师了。

《后汉书·高彪传》中对高彪拜许慎为师一事没有记载，但是在宋代洪适的《隶释》中，收录了一通碑碣，就是《高彪碑》，这块碑碣上的文字已经残损不全了，其中有一句话说："（高彪）师事□□尉汝南许公"。据清代"说文四大家"之一的桂馥考证，这句话中缺损的两个字是"故太"，也就是说，高彪曾经师事汝南郡的太尉许公，这个"许公"到底是谁呢？东汉时期，曾经在太尉府任职，而且籍贯又是汝南郡的著名的经学研究者有两个，一个就是汝南召陵的太尉南阁祭酒许慎，另一个是汝南平舆的太尉许训。许训担任太尉一职的时间是汉灵帝熹平五年（176）五月，到七月就被罢免了，时间很短暂。况且，高彪是在汉灵帝光和七年（184）去世的，距离许训担任太尉仅八年的时间，高彪在去世之前的八年拜许训为师，而且后来又取得如此瞩目的成就，恐怕也不太符合常理。因此，高彪"师事故太尉汝南许公"中的"许公"应当就是许慎。

高彪跟从许慎问学的时间和尹珍大概是一样的，也是在汉桓帝建和元年前后。高彪来到汝南郡召陵县，拜许慎为师。许慎为人质朴厚重，品性淳笃，他没有像马融那样拒高彪于门外，而是热情地接待了这个远道而来一心向学的有志青年。许慎为高彪讲解五经和其他先秦典籍，使他更加深入地了解儒家经典之义。高彪本来就聪慧过人，而且少年时代就很有才学，他跟随"五经无双"的许慎学习了一段时间之后，学业日益精进，为他后来的仕途和学术研究的道路奠定了坚实的基础。高彪学成之后，曾经被举荐为孝廉，参加了在京城举行的考试。考试的内容主要是五经，高彪以第一的名次通过了这次考试，被授予郎中的官职，后来他又在东观校书。汉灵帝十分欣赏高彪的才学，曾经下诏让东观的画师创作高彪的画像，以此来勉励学者。高彪的这些经历，与他受到许慎的悉心教育关系密切。

建光元年，许冲献上《说文解字》之后，许慎居家的主要学术活动就是在乡里讲授五经，传播经学。这样持续了二十多年的时间，是许慎教授经学时间最长的一段时期。许慎将自己的学问传授给前来问学的儒生，然后又靠着这些儒生把学问传向全国各地，使经学，尤其是古文经学在东汉中后期进一步发扬光大。可以说，即使在晚年身体虚弱的情况下，许慎仍然为国家的教育事业和学术研究作出了重要的贡献。汉桓帝建和二年，许慎八十二岁，年事已高，身体本来就虚弱，加上长期劳累，最终承受不了病痛的折磨，不幸去世了。

许慎是东汉中后期学术史上一颗璀璨的明珠，他在古文字研究和经学研究上都取得了突出的成就，为中华文明史的传播作出了重要的贡献，一直以来都受到后人的景仰。他淳厚质朴的品性，也得到世人的尊敬。他的离世，是整个东汉文字学和古文经学研究的巨大损失。许慎去世以后，就被埋葬在了他的家乡汝南郡召陵县的万岁里，也就是现在河南郾城的许庄。在那里，现在还保存着许慎和许冲的墓葬。后人为了纪念许慎的功绩，还专门修建了许慎祠堂。同时，人们还赋予了许慎许多特殊的称谓：因为他做过太尉南阁祭酒，人们就尊敬地称他为"许祭酒"；因为他曾经被任命为洨长，人们就尊敬地称他为"许洨长"；因为他创作了《说文解字》一书，奠定了汉语言文字学的基础，后代的学者就尊敬地称他为"许君""许公""许圣人"，而《说文解字》一书也被尊称为"许书"，后代还产生了专门研究《说文解字》的学问，人们也把这种学问称为"《说文》学"，或"许学"。

在语言学界，1985 年和 2005 年分别在漯河市举办了"首届全国纪念许慎学术研讨会""首届许慎文化国际研讨会"，以此来纪念许慎，并研究他的学术成就。东汉一个普通的文字学和经学研究者，在他去世之后，能够获得如此多的雅致称号，并且产生了专门研究他的学问，这是许慎的荣耀，而这种荣耀绝不是凭空产生的。没有数十年如一日的辛勤忘我的耕耘，没有严谨求实的治学态度，没有带病创作和传授经学的伟大的献身精神，像《说文解字》这样伟大的著作是不会诞生的，因此而赋予许慎的荣耀也就不会存在了。即使在普通人的心中，许慎也成了他的家乡河南漯河的文化标志，我们走在漯河的大街上，可以见到许慎小学、许慎广场、许慎宾馆等以"许慎"命名的单位和场所。许慎的文化影响是极其广泛和深远的，不同知识层次、不同行业的人们都在以各种方式和活动纪念着这位文化圣人。

第 5 章

《说文解字》的创作和内容

　　《说文解字》，通称《说文》，是许慎耗费三十多年的精力潜心撰写而成的，也是许慎诸多著作中唯一流传下来的一部。其书体大思精，是我国语言文字学史上第一部具有科学体系的字典。两千年来，它一直是我们研治语言文字学和阅读先秦古书的要籍。《说文解字》问世之后，历代学者都给予其和作者许慎极高的评价。南北朝时期的学者颜之推认为，许慎在学术上可以与教育家孔子——孔圣人相提并论；清代校勘学家孙星衍说道，许慎的功绩不在治水的大禹之下；近代学者、《说文解字》研究专家黄侃也曾经把《说文解字》列为研究语言文字学的最重要的根柢书。当代学者苏宝荣先生在《许慎与〈说文解字〉》一书中，这样评价它的价值和影响："《说文》的学术地位和实用价值，使它成为汉民族语言文字学的经典性著作，在中国文化史上产生了深远的影响。在古老中华广袤的土地上，几乎没有一个读书人不知道《说文》这部书，并直接或间接地从中受到教益；几乎没有一个从事汉语教学和研究的人没有读过《说文》，并以此作为自己步入学林的起点；几乎没有一个在汉语言文字研究上成就卓著的学者没有在《说文》的研究上下过功夫，并以此作为自己治学的根基。《说文》是我国语言文字学史，乃至汉民族学术史上一部具有崇高地位和特殊价值的重要著作。"由此可见，许慎和他的《说文解字》是我们了解汉民族的语言和文字，了解中华文化史最重要的典籍之一。

创作背景和目的

汉和帝永元二年，二十四岁的许慎开始构思《说文解字》。经过十年左右的精心准备和写作，终于在永元十二年完成了初稿。这一时期，许慎正跟从老师贾逵在京师洛阳学习古文经学，其时正是东汉中期今文经学和古文经学两个学派激烈斗争的阶段。

我国历史上，汉代以前发生过两次大规模的焚书事件。一次是秦始皇焚书坑儒。这次焚书，除了当时官方执掌的

《诗》、《书》、诸子文献，以及与农事、医药等相关的科技著作，与秦朝历史相关的史书，除藏于大山壁垣的著作幸免于难以外，其余的私家藏书一并焚毁。当焚书之令与严酷的政治联系在一起时，它的威力是可想而知的。第二次焚书事件，发生在项羽和刘邦楚汉相争中。项羽攻破秦军，占领咸阳，屠杀了秦王子婴和咸阳许多百姓，烧毁咸阳宫室，大火焚烧了三个多月，当时秦始皇焚书坑儒没有烧毁的秦朝的史书，官方保存的《诗》、《书》、诸子百家之书，以及医药、卜筮、种树等科技书籍，多数也在大火中被焚毁。秦王宫室中唯一保存下来的，是萧何在项羽焚烧咸阳城之前刘邦攻破秦军时从丞相府和御史府里得来的一些秦代律令一类的图书。从秦始皇采纳李斯的建议焚毁民间私藏之书，到项羽烧毁秦王宫室、焚毁官方所藏之书，仅八九年的时间，周秦时代的古书就所剩无几了。

西汉初期，统治者刚刚经历过秦的暴政和楚汉之争的战乱，经济萧条，生产停滞，因此，他们的首要任务就是发展经济，巩固政权。初期的统治者奉行黄老（黄帝和老子的统称，他们被认为是道家的始祖）思想，采取与民休养生息的政策，减免税收，鼓励生产，到汉武帝时，国家已经积累了大量的财富。西汉初年，虽然统治者还无暇顾及文化建设，不过，儒学仍然以它强大的生命力在民间继续传播。汉惠帝四年（前 191）取消了承袭自秦代的禁止私人藏书的律令，文化政策相对比较宽松，给儒学的传布带来了新的契机，一些先秦的典籍陆续出现。这些典籍遭到两次大规模焚书的禁毁，有的靠历代儒生口耳相传流传下来，到了汉代，儒生们就用当时通行的隶书书写下来。有的典籍虽然幸运地保存下来，但大都已经是断帙残篇了，其中缺损的部分，是由通晓经书的儒者靠记忆补充完整的，他们又以此教授学生，后来的儒生也把这些经书用隶书书写下来。这些靠着儒生口耳相传，用汉代通行的隶书书写的典籍就是通常所说的今文经书。

西汉时期，汉武帝"罢黜百家，独尊儒术"，设立了《诗》《书》《礼》《易》《春秋》五经博士，"博士"是官职名称，负责讲授经学、考试和议论政事等。当时，只要能够通习五经中的一经，自己的学说与其他人不同，而且言之成理，就可以被立于学官。这些博士传授的经书，都是用当时通行的隶书书写而成的，是今文经，他们所讲授的学说也主要是今文经学说。例如，当时被立于学官，设立博士的《诗》有齐、鲁、韩三家诗，设立博士的《春秋》有公羊和穀梁《春秋》，都是今文经。两汉时期，今文经学一直处于官学地位。东汉时期，通习经书的人越来越多，而且从西汉时期通晓一经变成兼通多种经书。这些通习经书的儒生，可以入选五经博士，入选博士之后，还可以自己选择弟子员，给他们讲授经学。这些被博士选中的弟子员，也是国家选拔官吏的对象。这样，在朝廷的各个部门之间，持有不同观点的不同的经学派别，就形成了一个以经学为基础的巨大而复杂的盘根错节的官僚网。在这个网络之内，为了获取更多的政治上和经济上的利益，每个派别都竭尽全力发展自己的势力，各学派之间标新立异，互相攻击。东汉时期，朝廷不仅从博士和弟子员中选拔官吏，还从各地的儒生当中进行选拔，因此，对于一般的儒生来说，努力学好经书，是他们通往仕宦之途的必要条件。当今文经的学习与仕宦之途和个人的生活条件紧密结合起来的时候，它的传播速度就会更快，范围也会更广。

古文经的学习和传播与今文经就完全不同了。汉武帝"罢黜百家，独尊儒术"之后，统治者广开献书之路，一些好古之士大量搜访民间的藏书，那些在秦火和战乱中幸免于难的先秦古书也都陆续出现了。汉代比较重要的两次古书的发现：一是鲁恭王拆毁孔子旧宅时在宅壁中发现了用战国古文字书写的先秦典籍，有《古文尚书》《春秋》《论语》等；二是喜好古书的河间献王刘德从民间搜寻得到了《毛诗》《周官》《尚书》《礼》《孟子》《老子》等先秦旧书。这些先秦时期的古籍，最初发现的时候是用汉代已经不再通行的古文字书写的，是古文经。用来记录古文经的文字，有的是战国时期的古文字，有的是秦朝的篆书，在形体上它们都比汉代通行的隶书繁难得多，字义也不容易弄懂，因而是不会被那些标新立异、讲求微言大义、追求功名利禄的今文经学家所喜欢的。今文经学家缺乏历史发展的观念，他们认为汉字都是由古人一代一代地传袭沿用下来的，现在的隶书形体就是古人当初造字时的形体，是不会改变的。他们说："汉字是父子相传沿用下来的，它的形体怎么可能发生改变呢？"他们认为这些古文字是那些喜欢奇异事物的人凭空创造出来的，是根本不存在的，并且诬蔑学习古文字和古文经的人是要借此来改变常理，在世间炫耀。

根据许慎在《说文解字·叙》中的记载，这些人解释字义，都按照通行的隶书，随意肢解形体，望文生义。比如，他们把"长"字说成是"马头人为长"，意思是说，隶书形体中的"长"字，上面就像是"马头"的形状，下面就像"人"的形状；他们又把"斗"字说成是"人持十为斗"，意思是说隶书的"斗"字，左边是个"人"字形，右边是"十"字形，两个形体合起来像是"人"拿着"十"字，实际上，"斗"字的本义表示盛酒的器皿，是个象形字。这种随意解释汉字形体和意义的做法，最后甚至发展到根据隶书字体来解释国家的法律条文。对此，许慎在《说文解字·叙》

中也有记载。东汉时期，有些掌管刑狱的廷尉，就是根据隶书的字体来解释相关律令的。例如，解释"苛人受钱"这条律令，这条律令的本义是"责人不法，而受人之钱"，但是"苛"字的隶书形体，上面的"艹"讹变为"止"，下面的"可"讹变为"句"，他们就根据这个讹变的形体说"止句为苛"，解释这条律令就说是"止人而句（'钩'字之义）取人钱"。

东汉时期，除了今文经学家随意解说文字的文化弊病以外，本来承袭自周代的小学教育制度也大不如前了。秦末西汉初年，社会上还有"大篆""小篆""刻符""虫书""摹印""署书""殳（shū）书""隶书"八种书体。汉代的律令制度规定，学童十七岁以上就可以参加考试，如果能够诵读九千个汉字，就可以作为郡县的文书吏了；然后再由太史令考试，诵读九千个汉字之外，如果又同时会书写以上这八种书体，其中最优秀的学童就可以作为尚书吏了。但是，在许慎生活的东汉中期，虽然这种法令依然存在，可是已经不像先前那样定期举行比较规范的考试了，学童们也就不那么认真地学习文字了。这种现象持续了很长一段时间，以致许慎在《说文解字·叙》中发出无奈的感叹：没有人通晓解释汉字构形的学问，已经很久了。

东汉光武帝以后，谶纬之学成为今文经学的主流。这种学说以阴阳五行观念为基础，宣扬天人感应，君权神授，将自然界发生的一切现象都附会人事。儒者用这种思想来解释经书，烦琐寡要，断章取义，严重歪曲了经典的原意。而且由于今文经学一直处于官学地位，儒生们为了利禄之途，也多以学习今文经为主。可以说，从宫廷到民间，今文经学的影响无处不在。古文经学者对此极力反对，他们以古文经书为依据，把儒家经典看成对周秦古史的记录，以发展的观点和科学的方法，首先研究文字的确切含义，在此基础上，才研究经书的意义，力求真实地反映经典的原意，恢复它的历史价值。两个学派之间的斗争异常激烈，他们的立场和研究方法、得出的结论也是异说纷呈。

今文经学被定为统治思想和官学，今文经学家随意说解文字的弊端，又导致了儒生们妄解经义，《说文解字》就是在这样特殊的历史背景下产生的。许慎创作《说文解字》的目的自然也与这些背景密不可分。

许慎生活在今古文经学斗争激烈、今文经学逐渐走向衰颓的时代，凭着对学术研究的敏感，他清楚地意识到，只有探求今文经学家妄解经义的根源，才能让更多的儒士从根本上认识今文经学的弊病，从而揭开今文经学家在正义和科学面纱掩盖下的虚伪面目，并由此确立古文经学的地位。许慎认为，今文经学家妄解经义的根源就在于他们缺乏历史发展的观念，对汉字的产生和发展、汉字的构形以及汉字的意义缺乏正确的认识。于是，他下定决心，搜集各种古文字形体，从分析汉字的构形入手，逐个解析确立汉字的本义，以此来扭转今文经学家随意按照今文字形体解释字形和意义的弊病，反驳他们对古文字和古文经学家的诽谤。这正是许慎撰写《说文解字》的目的之一。

　　不过，许慎虽然认为对汉字产生发展历史的歪曲，对汉字形体和意义解析的随意是今文经学家妄解儒家经典的根源，但是，在他的思想观念中，不论今文经学家还是古文经学家，他们研究汉字，并不是纯粹对语言文字进行研究。许慎认为进行汉字的研究只是研究儒家经典的手段，或者说是起点。他在《说文解字·叙》中这样说：文字，是经艺的根本，是王政的基础；文字也更是前人垂范后世，后人了解前代文化的工具。作为根本和基础的文字确立了了，文字所记载和表现的经艺才能够体现出来。许慎把文字看作"经艺之本"，"经艺"就是儒家经典，有了文字，后世就可以通过文字记载的典籍来了解前代的政治、文化和思想，这些内容为后人提供了可以师法的范例，正是朝廷实施政治思想统治的依据，所以许慎称文字为"王政之始"。许慎把文字对文化、社会政治及思想的作用看得非常透彻，他认为，文字就是儒家统治思想的载体，为了更好地进行思想统治，必须首先从修习文字入手，而今文经学解释文字的弊病从根本上影响了对经书原义的理解，所以必须加以矫正。为了宣扬传播圣人流传下来的经典原义，了解古代的文明史，为了王权顺利地实施政治思想统治，教化百姓，许慎不遗余力、不辞辛劳地耗费三十余年的时间和精力，撰写了《说文解字》这部巨著。可以说，许慎创作《说文解字》就是为正确解释经书和王政服务的，这部巨著所体现出来的语言文字学的价值则是第二位的。

首创我国历史上体例完备的字典

《说文解字》正文共 14 篇，"后叙"和"目录"共 1 篇，以 1 篇为 1 卷，共 15 篇，也就是 15 卷，宋代的《说文解字》研究者徐铉校订时，把每一卷分成上下两部分，分别称为上卷和下卷，以后一直沿用这样的体例。《说文解字》正文以秦代的小篆为正字，每个小篆也称为正篆，全书共收正篆 9353 字，收入古文、籀（zhòu）文等古文奇字等共 1163 字，一般称为重（chóng）文，两项合计共 10516 字，全书说解用字 133441 字。据清代"说文四大家"之首的段玉裁《说文解字注》考证，目前通行的徐铉校订的《说文》传本，正文共 9431 字，增加了 78 字，重文 1279 字，增加了 116 字，说解字数共 122699 字，减少了 10742 字。这恐怕是在流传过程中不断增削删改所造成的。现在最容易看到的《说文解字》的版本，是中华书局根据清代陈昌治刻本刊行的，后面附有检字表，比较方便使用。许慎撰著《说文解字》一书，博考通人，征诸经史，于所不知则付阙如，实事求是，著述体例严谨，对后代的治学方法和治学态度产生了重要的影响。

许慎创作《说文解字》以前，自西周开始，就有了供学童识字的课本，这些课本就是早期字书的雏形。例如周宣王太史作的《史籀篇》，秦朝李斯作的《仓颉篇》、赵高作的《爰历篇》、胡毋敬作的《博学篇》，汉代司马相如作的《凡将篇》、史游作的《急就篇》、李长作的《元尚篇》、扬雄作的《训纂篇》，等等。其中《史籀篇》应该是用周秦时代西方诸侯国的文字写成的，大概成书于战国晚期；《仓颉篇》《爰历篇》《博学篇》应该是用秦朝规范的小篆字体写成的，汉代史学家班固把这三种识字课本合而为一，统称为《仓颉篇》；《训纂篇》是在《仓颉篇》的基础上进一步搜广异字而成的，收字比较多。不过，这些识字课本，除了《急就篇》以外，大都已经失传了。从现存的《急就篇》来看，编纂者收录的汉字，都是常见字，使用频率相对较高，《急就篇》是按照四字韵语编写而成的，朗朗上口，便于记诵，其目的还仅限于童蒙识字。此外，汉代还产生了两部重要的语言学著作，分别是《尔雅》和扬雄的《方言》。这两部著作都是按照意义的类别来编排的，从作为字典的性质上来说，查检起来十分不便。

《说文解字》不是凭空产生的，它是许慎在前代丰富的识字课本编纂经验的基础之上，充分吸收了《尔雅》和《方言》编纂体例的优点，又加以改造，使之进一步系统化和体例化而创作出来的。《说文解字》创立了科学而严密的字典编纂范式，并影响了我国千百年来字典编纂的模式。

《说文解字》首创部首检字法

在《说文解字》中，许慎以部首统摄汉字，创立了部首检字法。

在长期的学习过程中，许慎积累了上万个小篆字形。经过综合分析，他发现这些小篆字形的结构有许多相同的部分，于是，他就从这众多的小篆字体中概括出可以单独成字，或者可以与其他部分组合形成汉字的形体，共五百四十个。他把这五百四十个形体单列出来，称为五百四十部，并用它们统摄所有的汉字。比如，他分离出"犬"和"句"两个部首，这两部分组合，就形成了"狗"字；他分离出"门"和"口"两个部首，这两部分组合，就形成了"问"字。可以说，许慎分析出来的五百四十个部首，它们之间的相互组合，就形成了所有的汉字。这些部首统一放在目录中，如果查找一个汉字，只需要知道它的部首，就可以比较顺利地找到这个字了。例如，要查找"说"字，就可以到卷三"言"部统摄的字中去查找。这种以部首统摄汉字的做法是许慎的独创。清代段玉裁这样评价许慎的功绩：这是前代从来没有过的著作，是许君的独创，与《史籀篇》《仓颉篇》《凡将篇》等字书杂乱无章的体例，是不可同日而语的。

如何排列这五百四十个部首，许慎也有自己的想法。他制订了一些基本的规则。首先，五百四十个部首中首尾两个部首，许慎按照"始一终亥"的顺序排列，即五百四十个部首中，第一个部首是"一"部，最后一个部首是"亥"部。"始一终亥"源于汉代阴阳五行学说"万物生于一，毕终于亥"的思想，即万物产生于"一"而终结于"亥"。可见，许慎虽然坚持古文经学的立场，反对今文经学和谶纬之学，但是在当时的社会和文化环境下，也不免受到当时盛行的阴阳五行学说的影响。其次，第一个部首"一"至最后一个部首"亥"之间的各个部首，许慎则主要根据小篆形体相近的原则排列，这就是我们通常所说的"据形系联"。例如，在第一卷目的部首中，以"一"部开始，以下顺次为"丄（shàng，古文作'二'，即'上'字）、示、三、王、玉、珏（jué）"。其中"丄（二）"的古文形体，是"一"画在"一"字上面，表示上下之"上"，因此排列在"一"部之下；"示"字的小篆形体，上面是古文"上"，即"二"的形状，它是以古文"丄（二）"作为构形成分的，因此排列在了"丄（二）"部之下；又因为"示"字的篆文形体下面像三画下垂，所以"示"部之下又排列了"三"部；"王"字，许慎采用孔子的说法，解释为"一贯三为王"，"三"是"王"的构形成分，因此他把"王"部排列在"三"部的下面；"玉"字，许慎说它的形体像三块玉相连，也与"三"有关，而且它的形体与"王"字也很相似，于是就把它排列在"王"部的下面；"珏"字的小篆形体是由两个"玉"字构成的，因而排列在"玉"部的下面。

许慎大体按照以上的思路排列了五百四十个部首的顺序。因为编排方法本身还有一定缺陷，加上汉字形体变化多样，有些部首很难按照统一的标准排列，因此，五百四十个部首在排列上也有一些例外的情况。比如"齿"部，"齿"字上面是以"止"字构形的，所以排列了"止"部的下面；"齿"部下面排列的是"牙"部，"牙"与"齿"在形体上并没有相似之处，它们只在意义上相近。又如表示干支的部首，"子、丑、寅、卯、辰、巳、午、未、申、酉、戌、亥"十二个部首连续排列在一起，是因为它们共同表示"地支"的意义。以上是按照意义编排部首的例子。

《说文解字》按照义类编排汉字

许慎不仅按照一定的顺序精心排列了五百四十个部首，而且他对于这五百四十个部首统摄的九千多个汉字的排列顺序也是花费了一番心思的，其中也有规律可循。许慎设立五百四十部，分列于每卷之中，每部统摄以该部首为意符的汉字。他把部首列为首字，然后就罗列该部首之内的其他各字。各部之内汉字的排列顺序，用许慎自己在《说文解字·叙》中所说的，就是"方以类聚，物以群分"，即按照每个汉字表示的意义和事物的类属来编排汉字的顺序。许慎按照这一思想，将九千多个汉字有条不紊地组织起来，这体现出他严密的逻辑思维和高超的驾驭语言材料的能力。

在《说文解字》中，如果遇到表示某一物的不同部位的几个汉字时，许慎常常把这些汉字排列在一起，组成一个相对较小的义类范畴。例如，"艸（cǎo，即'艹'）"部中有"荅（dá）"字，许慎把它解释为"小尗（shū，'菽'的古字）"，即豆类植物，就是我们通常所说的"小豆"；"荅"字的下面排列的是"萁"字，许慎解释为"豆茎"；再下一个字是"藿"，解释为"尗之少也"，就是小豆这种植物的叶子。这几个字，"荅"是从总体上称呼小豆，"萁"是小豆的茎，"藿"则是小豆的叶子，许慎是按照植物构造的顺序把这三个字排列在了一起。又如，表示与荷花（也叫"芙蕖"）有关的几个汉字中，许慎先排列"菡"和"萏"两个字，这两个字共同组成一个叠韵的双音词"菡萏"，本义表示荷花还没有开放时的花苞；"萏"字的下面排列的是"莲"字，表示荷花的果实，即我们通常所说的莲子；"莲"字的下面排列"茄"字，"茄"字的本义表示荷花的茎；"茄"字的下面排列"荷"字，"荷"字的本义指荷花的叶子；"荷"字的下面排列的是"蔤（mì）"字，"蔤"是荷花位于地下的根茎；"蔤"字的下面排列的是"藕（ǒu）"字，"藕"与"藕"相同，就是通常所说的莲藕，生活在水下的淤泥中。这样，许慎把"菡、萏、莲、茄、荷、蔤、藕"七个与荷花相关的字，从上到下，由荷花的花到根茎，顺次排列，秩序井然，条理分明。

以上是许慎排列汉字大致遵循的一般体例，除此之外，如果遇到表示东汉皇帝名字的汉字，许慎一般把这些汉字排列在它所属的部首之下的第一位。例如，"示"部首先排列"祜（hù）"字，就是因为"祜"是汉安帝的名字，"艸（艹）"部首先排列"莊（'庄'的繁体字）"字，是因为"庄"是汉明帝的名字，"禾"部首先排列"秀"字，也是因为"秀"是光武帝的名字。许慎解释这些汉字时，也不解释它们的本义，只是避讳地说是"上讳"，即皇帝的名讳。这种汉字的排列方法和解释方法，反映出许慎在封建社会中遵循礼法和忠君的思想，这是特殊时代的思想和政治在学术研究上的体现。

许慎排列汉字时，还常常把表示"美的""善的""吉祥的"汉字排列在前面，而把表示"丑的""恶的""灾祸的"汉字排列在后面。例如，在"示"部，许慎把"礼""禧"等表示吉祥义类的十三个汉字排列在前面，而把"祸""祟"等表示灾害、祸乱义类的四个汉字排列在该部的最后。此外，许慎还常常把表示事物名称的词语排列在距离部首比较近的地方，而把那些用来形容事物特征的汉字排列在后面。例如，在"水"部，许慎先排列"汃（bīn）""浯"等一百三十多个表示水流名称的字，然后再排列"溥（水大之义）""洪"等形容水的大小、深浅、清浊、流动等状貌的汉字。

《说文解字》中汉字的排列顺序，远不止以上几个条例。在汉字的排列顺序上，许慎的确花费了很多心思，他把九千多个汉字按照一定的顺序排列在一起，人们想要查找某一个汉字时，就可以根据它的部首和汉字编排的顺序，去相应的位置查找。这就是许慎创立的字典编排中以部首统摄汉字，按照部首检字的方法。直到现在，部首检字法都是汉语字典最常用的检字法之一。当然，因为许慎在汉字的排列上仍然主要按照义类编排，当我们不知道所要查找的汉字的义类时，检索起来还很不方便，所以后人就在这个基础上，慢慢创立了按照部首和笔画结合的方式编排检字表来查找汉字的方法。这样，查找汉字的速度和效率也就大大提高了。

《说文解字》创立了一字一形一音一义的字典内容的编纂格局

许慎不仅创立了比较科学的编排体例，使《说文》具备了字典的性质，而且，他对九千多个汉字还作了系统的分析和解释，创造了汉语字典分析汉字形体，解释汉字意义，标示汉字读音，以及用例子来证明汉字形、音、义的内容格局。许慎创作的《说文解字》之所以与之前的《仓颉篇》《训纂篇》等识字课本具有本质的区别，就是因为它创立了一字一形一音一义的编纂格局，这正是字典必备的内容。许慎说解文字的形、音、义时，还常常以文献内容和"通人"之说作为引用证据，这正是字典说解字义而要具备书证这一体例的来源。例如，许慎解释"喤（huáng）"字，说："喤，小儿声。从口，皇声。《诗》曰：'其泣喤喤。'"许慎首先解释"喤"就是小孩子哭泣时发出的声音，然后分析"喤"的字形是"从口，皇声"的形声字，意符是"口"，所以与人的声音有关，声符是"皇"，所以"喤"字的读音与"皇"

相同。最后，许慎还担心一些人怀疑他的解释是私造的，所以就又引用了《诗经》中的一句诗来证明"喤"的意义。现代字典大都遵循了这样的体例，这也足见《说文解字》编纂的高明，以及其对我国汉语辞书编纂所产生的深远影响。

　　早在东汉中期，许慎就能够超越他以前的识字课本的编纂形式，创造了我国乃至世界历史上第一部体例完备的语文字典，这说明东汉时期的辞书编纂已经发展到一个比较高的水平了。后代的字典大概都是在许慎创立的《说文解字》的范式下不断完善的。南北朝时期的梁顾野王编纂的《玉篇》，就是以许慎归纳的五百四十个部首作为基础，适应隶楷字体的变化，合并个别部首，增加新的部首，变成了五百四十二个部首，并调整了个别汉字的归部问题，对《说文》有所继承又有所改革。今天的字典和辞书，如《辞源》《辞海》《汉语大字典》等，虽然在部首和汉字归部方法上都比前代有了很大的发展，但是遵循的却依然是许慎创立的以部首归字的原则。许慎创立了字典编纂的范式，对后世语文辞书的编纂产生了重要的影响。但是，我们不能否认，由于时代学术水平的局限，开创事业的艰难，就字典性质而言，许慎的《说文解字》还存在一定缺陷，不过这是学术发展所必经的阶段，我们不必厚今薄古，以今天的标准来衡量许慎在开创时期所做的工作。

对汉字形、音、义的说解与"六书"理论

许慎创作《说文解字》一书，通过认真细致分析汉字的形体，归纳出五百四十个部首，并且还科学地把这些部首和与其相关的九千多个小篆分门别类，让它们各自都能在这部书中找到一个恰当的位置。不过，这些工作只是一部字典编纂的基本骨架，要想创作出一部有血有肉的、内容丰富的字典，还必须恰当地解释字义和使用例证，许慎的《说文解字》在这一点上也超越了以往任何一部识字课本。许慎为清楚准确地说解汉字的形、音、义，创造了一套专门用来说解汉字的术语，根据术语的类型和内容，就可以判断哪些内容是说明字形的，说的是什么样的字形，哪些内容是说解字义的，哪些内容是用来标示读音的，哪些例子又是用来证明字形、字义或字音的。这些术语的创造，也反映出许慎严密的逻辑思维和系统的科学研究的思想。

许慎说解一个汉字，常常是先列出这个汉字的小篆字体，然后解释它的意义，其次分析它的字形，最后标示它的读音。例如，解释"嘘"字，许慎说："嘘，吹也。从口，虚声。"其中的字头"嘘"字，在《说文解字》原文中是小篆字体，"吹"是解释"嘘"字的意义，"从口，虚声"，既

说明"嘘"字是个形声字，同时也标示了"嘘"字的读音与它的声符"虚"的读音相同。这是许慎说解汉字最基本的形式。

许慎用来说解字义的术语最简单，常常用"某，某也"的形式来说明。比如上例中的"嘘，吹也"，其中"吹也"就是"嘘"字的意义。

许慎用来标示读音的术语也相对比较简单。如果解释的小篆字体是个形声字，许慎在分析字形的同时，往往就顺带标示了读音。如上例中的"嘘"字是"从口，虚声"，那么，"虚声"标明的就是"嘘"字的读音。我们所使用的汉字，大约百分之八十都是形声字，因此，许慎就常常通过分析字形的方式，以声符来标示读音。如果解释的汉字不是形声字，许慎一般就用"读若"或"读与某同"的术语来标示读音，这也是自汉代以来反切标音法没有发明以前最常用的一种标示读音的方法。例如，解释"雀"字，许慎说："雀，依人小鸟也。从小隹。读与爵同。""雀"是由"小"和"隹（表示'鸟'义）"组合而成的汉字，意思是小鸟，就是我们经常见到的麻雀，它没有声符可以标示读音，许慎就选择用"爵"字来标示"雀"字的读音。现在我们读"爵"和"雀"的语音不再完全相同了，那是语音在历史长河中发展演变的结果，在汉代这两个汉字的读音应该是相同的。如果解释的是形声字，但是这个形声字的声符或者不太常见，或者其读音与整个汉字的读音有一定差距，许慎也常常用"读若"来补充说明读音。例如，解释"貒（tuān）"字，说："貒，兽也。从豸，耑声，读若湍。"因为声符"耑"的读音 duān 与"貒"字不完全相同，所以许慎又用"湍"字来标示"貒"字的读音。

在《说文解字》中，许慎分析汉字字形的术语最为复杂，也最能体现出许慎的学术思想和汉字研究的成就。许慎分析汉字构形的理论是"六书"。实事求是地说，"六书"这个术语并不是许慎的独创。早在西周时期，"六书"之名就已经产生了。据《周礼》记载，"六书"是老师教授学童的一个科目，至于具体的教授内容，《周礼》却没有记录下来。后来汉代经学家郑众、史学家班固，都解释过"六书"的名目。郑众说"六书"是"象形、会意、转注、处事、假借、谐声"，班固说"六书"是"象形、象事、象意、象声、转注、假借"。他们与许慎后来在《说文解字》中所说的"六书"的内容基本相同，只是所用的称名和顺序有一些差别。郑众和班固二人虽然说明了"六书"的名称，但是每一类"书"的具体内容是什么，他们都没有解释，更没有利用这一理论去分析汉字的形体。可以说，详细地说明"六书"中每一"书"的内容，并科学地利用"六书"的理论来指导分析汉字的构形，是许慎在充分继承和吸收前代优秀文化成果的基础上，摸索出来的一种新的科学研究的理论和方法。

许慎说"六书"是"指事、象形、形声、会意、转注、假借"。他认为，"指事"就是利用特定的标示符号来表示汉字的意义。有些汉字表示比较抽象的含义，不能通过描画图像的方式来表示，就用增添符号的方法来表示字义。像"丄（上）""丅（下）"两个字，许慎就直接说它们是指事字，"丄"是在"一"的上面用一画来表示"上面"这个含义，"丅"就是在"一"的下面用一画来表示"下面"这个含义。

许慎说，"象形"就是根据事物的形象来描画事物的状貌和轮廓，汉字的线条要随着事物形体的变化而曲折。"日"和"月"就是象形字。他在《说文解字》中用"象形"或"象某某之形"的术语来表示。例如，他说："耳，主听之官也。象形。""耳"是主管听觉的器官，小篆的形体（"耳"字的甲骨文是，金文是），就好像是描绘人的耳朵的形状。许慎认为，"会意"就是把表示事物类别的两个以上的字组合在一起，把它们的意义也组合在一起，这个组合的形体就代表了新的意义。在《说文解字》中，许慎用"从某，从某"或"从某某"的术语来表示。例如，他认为"信"和"武"是会意字：把"人"和"言"两个字组合在一起，就可以表示人的诚信，形成"信"字；把"止"和"戈"组合在一起，"止"在这里表示脚趾，是"趾"字最初的写法，"戈"是兵器，两个字组合在一起，就表示人拿着兵器去打仗，因此"武"可以表示武功、威武之义。许慎说，"形声"是用表示事类的字作为意符，表示形声字的意义范畴，用一个与该形声字读音相同或相近的字作为声符，标示这个形声字的读音，意符和声符组合在一起，就是形声字。在《说文解字》中，许慎一般用"从某，某声"来表示形声字，"从某"表示形声字的意符，"某声"表示形声字的声符。例如，他分析"萁"字的字形是"从艸（艹），其声"，就表明"萁"字是形声字，它的意符是"艸（艹）"，表明它的意义范畴与草类植物有关，它的声符是"其"，表明"萁"字的读音与"其"相同或相近。这样的例子在《说文解字》中是十分常见的。

有些汉字既是形声字，又是会意字，许慎就用"从某，从某，某亦声"的术语来表示。例如"忘"字，他解释说："忘，不识也。从心，从亡，亡亦声。""忘"表示忘记之义，古人认为"心"是主管人的思维和意识的，因此用"心"来表示人的心理和思维活动。"亡"有失去之义，"心"和"亡"组合在一起，表示忘记之义，同时"亡"又标示了"忘"字的读音，所以，许慎说"忘"字是"从心，从亡，亡亦声"的形声兼会意字。有些形声字，不是像"其"字那样，选择两个完整的字体作为意符和声符，而是选取某一个字的一部分作为意符或声符。对于这样的汉字，许慎就用"从某，某省声"或"从某省，某声"的术语来解释。例如，解释"亭"字，他说："从高省，丁声"，意思是说，"亭"字的上半部是截取"高"字的上半部，而省略了"高"字的下半部的"口"。

许慎说，"假借"是根据声音的相同或相近，用一个已有的汉字去表示另外一个意义，这个字对于这个新的意义来说，就是假借字。例如，"焉"字本来表示一种鸟，但是后来就一直用它表示语气词"焉"。对这个语气词来说，"焉"就是一个假借字。清代学者戴震和其弟子段玉裁，都认为"假借"和"转注"是汉字的使用方法，而不是造字的方法，不太容易分析构形。关于这两个问题，尤其是"转注"的讨论非常激烈，直到现在也没有形成一个统一的认识。

许慎系统地利用"六书"的理论分析汉字的构形和使用，使人们看到，看似各自独立的大量汉字，它们之间却有着紧密的联系，是一个系统的整体，其中有规律可循。许慎利用"六书"分析小篆字形，也奠定了汉字结构分析的理论基础。后人在许慎的基础上衍生出来的"六书学"，就是进一步发展和完善许慎关于"六书"理论的结果。

第 6 章

《说文解字》与许慎的学术思想

　　任何一部作品都是特定时代和历史环境下的产物，必然会反映出那个时代相关领域的学术风貌和学术水平，许慎的《说文解字》也不例外。它的诞生与汉代经学的昌盛和今文经学随意解析汉字形体及儒家经典的社会文化环境有很大的关系。许慎创作《说文解字》的目的就是宣扬古文经学，反对今文经学家解析汉字的弊端，从而正确理解经书本义，为王政服务。它所表现出来的许慎对文字、语言和经学的认识，也代表了东汉中期的文化思想和学术研究水平。

《说文解字》与许慎的文字学思想

《说文解字》是一部以分析文字形体来探讨文字本义的著作，反映了许慎比较超前的文字学思想。在这部著作中，许慎对文字的起源、古今文字的分期、文字构形的理论、文字书体类型的区分等方面都有明确的认识。

对文字起源的认识

从事任何学术研究，研究者都应该首先具备历史发展的观念和思想，这是一个基本的前提，只有这样才可能得出正确的结论。东汉时期的今文经学家之所以会认为当时已经通行的隶书字体是古人创造汉字时的字体，就是因为他们缺乏历史的观念。许慎对此极力反驳，他坚持历史发展观，搜集了当时所能见到的文献记载中的大量古文字材料，同时还见到了一些从山川之中发掘出来的上面刻有古文字的青铜器，他把这些古文字与隶书进行比较，发现两种形体的文字虽有联系，但已经有了十分明显的变化，这使他认识到，汉字从起源到隶书阶段，已经经历了很长时期的发展。

许慎在《说文解字·叙》中详细论述了汉字的起源和发展的基本过程。他说，文字最初的产生经历了伏羲画八卦和神农氏结绳记事的阶段，到黄帝时期，黄帝的史官仓颉，看到鸟走过的痕迹和纹理，就知道是鸟，看到兽走过的痕迹和纹理，就知道是兽。他从中受到启发，知道可以利用线条来描摹物象，于是就用线条创造了文字，仓颉也因此被认为是汉字的创始者。伏羲画八卦、神农氏结绳记事和仓颉创造文字的说法，早见于《周易》和《荀子》等典籍。许慎就是在前代文献的基础上，继承前人之说，将这些传说系统地归纳到一起，使其发展线索更加清晰。根据现在的研究成果，一般认为，文字产生以前，可能确实经过结绳记事的阶段，遇到大事就打一个大结，小事就打一个小结，这些记事的形式或符号给人们带来一些启发，于是人们创造了一种固定的形体符号来表示语言中的词和意义，从而代替了结绳记事的做法，但是文字不可能是一个人创造出来的，仓颉也许仅仅是其中的一个文字整理者。八卦符号是否与汉字的起源有关，也一直是学术界争论的话题。在汉代，许慎固然还不能很好地解决文字起源的问题，但是他能够考察前代有价值的文献资料，将它们按照一定的逻辑顺序联系起来，以发展的观念来看待文字的起源，在汉代谶纬之学盛行的学术环境下，比起那些缺乏历史发展观念，以为汉代的隶书就是古人创造的文字形体的今文经学家要高明得多。

　　许慎还认为，东汉时期人们使用的近万个汉字也不是一下子就创造出来的，而是有先有后，他说仓颉一开始创造文字的时候，大概就是按照事物的形体来描绘物象，这样创造出来的字体就像是线条交错的有纹理的图画，所以就叫作"文"。后来人们就以"文"作为单位，利用形体和声音的配合来创造文字，这样创造出来的文字就叫作"字"，"字"表示滋生而越来越多的意思。这就是许慎"独体为文，合体为字"的思想，一直为后代学者所采用。正是因为有这种思想，所以，许慎排列"六书"次序的时候，把"指事"和"象形"排列在"会意"和"形声"的前面。许慎把文字看成一个孳乳发展的系统，超越了以往识字课本单字认读的局限，为文字学的创立奠定了理论基础，集中代表了汉代文字学研究的最高成就。

对古今文字分期的认识

许慎不仅认为汉字是一个动态的发展系统，而且，在这个动态的系统中，他还给文字作了历史分期。他认为汉字可以划分成两大系统，一种是古文字，另一种是今文字。他认为汉代通行的隶书之前的文字形体，就是古文字，主要指秦代的篆文和六国时期的古文字。当时殷商时期的甲骨文还没有被发现，许慎并不知道在六国古文字和篆文之前还有更古老的文字。他把隶书看成今文字，而且认为隶书的产生也是以古文字为基础的。他说：秦始皇时期焚毁经书，清除古代的典籍，大规模地征发士卒，加重了人民的徭役负担，狱吏的职务也越来越繁忙，为了适应这种形势，于是人们开始简化汉字，使象形而不便于书写的篆文变得越来越线条化，也越来越便于书写了。另一方面，许慎又不得不感叹"古文由此绝矣！"许慎生活在东汉中期，那时候隶书之后的楷体字还没有产生。楷体字产生以后，汉字的线条化、符号化进一步增强，已经完全没有了早期汉字象形的特征，因此，后人研究汉字时常常就把隶书作为古文字和今文字的分水岭。许慎虽然没有明确提到这一理论，但是他能够清晰地看到隶书与它之前的古文字在形体上的显著差异，认为汉字发展到隶书时，古文字就已经不存在了，这种观念在东汉时期是非常先进的，也直接影响了后人对古今文字分期的研究。

对文字构形理论的认识

许慎不仅考察了汉字的起源问题，坚持汉字的历史发展观，恰当地考察了古今文字的分期，而且他还创造性地发展了汉字构形的理论，即"六书"理论。东汉时期，汉字学研究出现了新的局面。在汉字的构形理论中，以"六书"说最为重要，它直接影响了后代汉字学理论的研究方向，成为专门的"六书学"。早在春秋时期，就有关于汉字构形分析的记载，《说文解字》中引用"通人"之说，其中引用孔子的说法解释汉字形体的就有多处，例如，解释"犬"字的构形，许慎引用孔子的说法："视犬之字如画狗也。"这是说"犬"字的古文字形体就像是画的"狗"（甲骨文：𤘣；金文：🐕；小篆：𤚔）。这种零散地对汉字构形的说解一直延续到后代。战国末期的《韩非子·五蠹》中还有关于"厶（sī，'私'的古字）"字的说解：古代的仓颉创造文字时，把事事都为自己打算称为"厶（私）"，与"厶"相悖的就称为"公"，"公"和"厶"是相反的。"公"是由"八"和"厶"构成的，"八"是分别相悖之义。这种说法，也被许慎引用到《说文解字》中。但是，在许慎之前，像这样对文字构形的分析还是比较零散的，难以形成系统的构形理论。大约在春秋战国时期，《周礼》中出现了专门用于汉字教学的"六书"之名。不过，"六书"的具体称名和内容，以及用"六书"系统地研究汉字的构形则是在东汉时期。研究的内容和科学性也不断深入，其中成就最为突出的就是许慎的"六书"理论。许慎的"六书"理论最初的来源应该是《周礼》，但是他对"六书"内容的具体阐释，可能直接来源于他的老师贾逵，如果再向上追溯，则很可能来源于两汉之交的文献目录学家、古文经学家刘歆。我们现在看到的关于"六书"称名的记载是班固的《汉书·艺文志》和郑众的《周礼注》。

班固《汉书·艺文志》本于刘歆的《七略》而作，刘歆是贾
逵的父亲贾徽的老师。《后汉书·贾逵传》记载，贾逵的学
问是他的父亲贾徽传授的，那么许慎跟从贾逵问学，自然
贾逵也会把这种理论传授给许慎。另一方面，郑众的《周礼
注》也保存了关于"六书"的名目，郑众的父亲郑兴是古文
经学家，也是刘歆的弟子，因此，郑众对"六书"名目的说
明，也可能是由刘歆而来的。这表明，在西汉末年到东汉中
前期，以"六书"分析汉字形体的做法，在古文经学家内部
已经形成了比较一致的认识。许慎也是古文经学阵营中的一
员，他正是在刘歆、贾徽、郑兴、贾逵、郑众等前辈们的研
究基础之上，创立了科学的"六书"理论，将东汉文字学的
研究推向了高潮。

　　许慎根据自己对文字的系统整理和构形分析，给予"六
书"中的每一"书"以恰当的命名，对每一"书"的本质作
了简要的定义概括，定义之外还举了例子，十分清晰地将文
字构形的"六书"理论呈现出来。许慎以"六书"理论为指
导写成了专门的汉字学著作《说文解字》，至此"六书"之
说以其对汉字构形理论的科学分析和取得的成果，在东汉的
学术思想史上达到第一个高潮，对后世产生了深远的影响。
在许慎以后，产生了专门研究"六书"的学问。专以"六
书"命名的著作，有代表性的就有宋代郑樵的《六书略》、

戴侗的《六书故》，元代杨桓的《六书统》、周伯琦的《六书正讹》，明代赵撝（huī）谦的《六书本义》等。今天的汉字研究，不论是研究甲骨文，还是研究现代汉字，也还都是在"六书"的基础上，重新进行不同时期汉字构形理论的构拟。可以说，许慎的"六书"说集中代表了东汉时期汉字学理论研究的最高水平，开启了后代"六书学"的研究方向。

对文字书体类型的认识

许慎在系统分析小篆字形的同时，还对当时存在的各种不同的文字形体进行了分类。

由于书写工具、书写材料、书写速度以及文字用途等方面的差异，汉字的形体也常常会随之发生一定的改变。例如，今天使用的汉字形体有楷体，有行书，还有各种艺术字体，古代也存在这种情况。于是，许慎就把这些不同的汉字形体进行了分类。他在《说文解字·叙》中说：秦代汉字的书写形体有八种，一是大篆，二是小篆，三是刻符，四是虫书，五是摹印，六是署书，七是殳书，八是隶书。又说：两汉之交，王莽摄政期间，也有六种书体，一是古文，就是在孔子宅壁中发现的书体；二是奇字，就是在古文基础上稍加改变形体而形成的字体；三是篆书，就是秦代的小篆；四是佐书，就是秦代的隶书；五是缪篆，是用来摹刻印章的；六是鸟虫书，是用来在旗帜上书写官号以为凭信的。秦时的"大篆"是小篆字体的前身，许慎在《说文解字》的正文中称为"籀文"，它的形体圆转而匀称，特点与小篆基本一致，但常常重叠构形，所以比小篆的形体繁难。秦时的"刻符"就是刻在符信上的一种文字。"摹印"一般是刻在印章上的文字，因为材料和工具的限制，以及追求奇异效果的心理作用，这种字体往往与通行的文字形体有一些差异，所以专门以它的功用来命名，就像今天的篆刻一样，主要是以篆书为字体的。王莽时期的"缪篆"相当于秦时的"摹印"。秦时的"虫书"与王莽时期的"鸟虫书"是一致的，因为字形的起笔、落笔像鸟或虫身的形状而得名，一般用在旗帜和符信上。"殳"是一种兵器，"殳书"就是刻在兵器上的文字，是篆书的变体。"署"是签名、题字之义，"署书"就是用于签名或题字的字体，现在已经没有实物可考了，从许慎的叙述来看，大概也是篆书的变体。秦时的"隶书"，就是王莽时期的"佐书"，是为了解决官狱职务繁忙与小篆字形的繁难之间的矛盾而产生的，它最初用于下级隶卒，因此被称为隶书。隶书的笔画由小篆的圆转变成方折，加快了书写速度，但为了"趋于简易"的目的，也破坏了汉字形体表意的结构，所以许慎发出"古文由此绝矣"的深沉慨叹。

王莽时期汉字的六种形体，在班固的《汉书·艺文志》

中已经提到了，但是班固没有解释各种书体的用途和来历。而许慎不仅列举了各种书体的名称，还将有的书体与秦代的书体进行对比，更重要的是他还分别解析了每种书体的不同用途，其中他所说的"刻符""虫书""摹印""殳书"等字形，都可以从出土的古代兵器、竹简等文物上得到验证，这说明许慎的记载是符合秦汉文字使用的实际的。王莽时期的一些书体，名称虽然与秦代有所不同，但实质却与秦时的书体一脉相承，许慎没有割断历史的联系，指出两个时代在书体使用上的名异实同的共性，他对文字形体进行的分类，虽然还有一些重复之处，但是根据文字使用的不同场合和不同功能分类的标准，却对后世有很多启示作用。

汉字是世界上最古老的文字之一，它与其他文字相区别的本质特征就是以形表意，在其他的古文字或消失或演化为拼音文字的时候，汉字更加强化了它的表意符号。这一特性，使我们的汉语言文字研究中产生了独特的"文字学"。正是许慎和他的《说文解字》，让我们认识到汉字以形表意的独特性，因此，后人尊敬地称他为"字圣"是名副其实的。

《说文解字》与许慎的语言学思想

《说文解字》不仅是一部杰出的文字学著作，也是我国传统的汉语词义学的奠基之作。它保存了大量的上古汉语的音义，因而成为我们研究先秦两汉语言文字最重要的参考资料。在这部著作中，许慎超前的语言学思想也得到充分的体现，他对文字和语言的关系、影响语言发展的因素、通语和方言的关系、语言研究的方法等问题也都有明确的认识。

明确区分语言和文字的关系

除了专门研究文字和语言的学者以外，很少有人关注文字和语言的关系。现实生活中，人们常常将文字和语言并称，一些人就想当然地把文字和语言等同起来。事实上，文字和语言是两个层面的内容。人们在交际中使用的是由语言中的词组成的一个一个的句子，词是能够独立使用的最小的音义结合体，而文字则是记录词的符号。我们在日常生活中所说的、所听的都是语言，而我们在书本上看到的则是文字符号，或者说是用文字记录下来的语言。正是因为有了文字，古代的和不同地域的文化才能传播到后代和其他地区。早在东汉时期，许慎就已经有意识地区分了文字和语言的关系。

许慎认为，语言是首先产生的，文字是在语言之后产生的，语言的变化，也会导致文字形体的变化，而语言的变化与民族的分化和融合又有重要的关系。他在《说文解字·叙》中说：战国时期，各诸侯国相互以武力征伐，不再甘心受周王朝的统治，那时候力量比较强大的诸侯国有七个，分别是齐、楚、燕、韩、赵、魏、秦。他们担心周朝的礼乐会妨碍自己的争战，于是就大量清除旧典。从此以后，各国田地丈量的标准不再相同，车子两轮之间的距离各不相同，法律政令各不相同，衣服鞋帽的穿戴也各不相同，甚至人们所说的话也不完全相同了，因此，使用的汉字形体也发生了改变。许慎认识到，各诸侯国之间各自为政、图谋霸业、相互征战的动荡社会导致了民族的分化，原来不同地域的百姓共同遵循的周朝的各种制度也随之发生了改变，这就引起了语言的变化，从而导致了文字形体的改变。许慎把这种现象称为"言语异声，文字异形"，言语就是人们日常生活中使用的活的口语，文字就是记录语言的符号。许慎把言语列在文字之前，说明他已经认识到言语先起、文字后生的语言现象。

利用声音探讨词义的来源

《说文解字》是根据汉字的形体来探讨汉字本义的一部

语言文字学著作，但是许慎知道文字的意义表示的是语言中词的意义，而词的意义又是声音所赋予的，用什么样的声音表示什么样的意义最初没有必然的联系，是人们在日常交际中约定俗成的。不过，约定俗成的音义关系一旦被社会所认可，就会沿着这个方向产生出大量与此相关的音义结合体，即词语，那么，这些词语的意义之源就可以通过声音来解释。这种解释字义的方法，后人一般称为"声训"。《说文解字》中，许慎有许多利用声音来探讨意义来源的例子。

例如，解释"黍"字，许慎说："黍，禾属而黏者也。以大暑而种，故谓之黍。""黍"是子实有黏性的一种农作物，许慎又进一步解释了这种植物之所以被称为"黍"的来源，因为它在大暑节气种植，所以就把它命名为"黍"。又如，解释"羊"字，许慎说："羊，祥也。"并引用孔子的说法"牛羊之字以形举也"。"羊"是最常见的一种家畜，许慎是非常清楚的，而且他也知道"羊"和"牛"一样，都是描绘事物形状而创造的象形字，但是许慎为什么不直接说"羊"是一种动物或一种家畜，却要用"祥"字来解释呢？事实上，在古代，人们认为"羊"是吉祥和美好的象征，许多用"羊"字构形的会意字，如"善""美"，或者以"羊"字作为声符的形声字，如"祥"，大都有美好、吉祥之义。因此，许慎在这里是从声音上去考察"羊"这种动物之所以用"yáng"这个声音来命名的缘由。《说文解字》中像这样说解字义的例子是很多的，近代《说文解字》研究专家黄侃先生甚至认为，《说文解字》虽然通过解析文字形体探求本义，但是像这样利用声音探讨字义之源的例子大概在全书中占有十分之七八。

早在先秦时期，学者们就已经注意从声音的角度来解释词义了，到东汉时期，这种解释词义的方法就已经非常盛行了，但是因为当时的今文经学家缺乏历史发展的观念，随意附会，使这种方法逐渐走向泛滥。而许慎则与此不同，因为他有科学的文字发展观念，又讲求文献例证，实事求是地从事学术研究，相对来说，他利用声音解释词义还是比较客观的，随意性也相对少一些。

关心方言和通语

许慎对方言和通语也有正确的认识。方言，是指通行于某一个或几个地区，与当时的标准语在语音、词汇、语法等方面有一定差异的同一语言在不同地区的变体。方言区有大有小，以今天通行的现代汉语为例，普通话是标准语，它形成的基础是北方方言，包括华北、东北、西北等广大地区的方言。就全国范围而言，与北方方言并列的还有其他六大方言，即粤方言、赣方言、客家方言、闽方言、吴方言、湘方言。就小的方面来说，在一个县级行政区内，位置稍远的两个乡镇之间在语音和词汇等各方面也存在一定的差异。汉代以前，多数人通用的标准语一般称为雅言或通语，它的使用范围常常是以国都为中心的。在我国语言研究的历史上，早在先秦时期，就有关于雅言和方言的区分了。据说，孔子向弟子传授儒家经典时，使用的语言就是当时的雅言。孔子是鲁国人，在家乡他应该说鲁国的方言，可是他教授《诗》《书》《礼》等儒家经典，周游列国推行他的学说时，用的却是雅言，即通语。试想，如果孔子用鲁国方言，与说其他各国方言的人进行交流，肯定会有许多语言障碍，那么，他的思想和学说，也就很难传授和实施了。

西汉时期，为了促进各地区人们之间的交流，有学者开始整理各地方言，并将不同的方言与通语相对照，以此为人们的交流提供一个参照，这样也就开始了方言和通语的研究。西汉方言研究者扬雄凭借自身比较便利的条件，调查来首都参加考试或从事其他职业的人们，采集他们所在地区的方言词汇，汇集成《輶（yóu）轩使者绝代语释别国方言》一书（"輶轩"是古代使臣乘坐的一种轻车），简称《方言》。《方言》收录约 14 个地域的词语 669 项，按类编排，以通语解释方言，以今语解释古语。扬雄虽然没有像现在的方言调查者一样深入各个方言区进行调查，但是他以活的口语作为语言研究的材料，记录了西汉时期的许多口语词汇，区分它们的分布范围，以及与通语之间的差异，这对于研究汉代及先秦时期的词汇、古音，考察词义的来源等都具有重要的作用。《方言》也因此成为后代方言类语言研究的奠基之作。

许慎对方言的产生也有比较正确的认识。他认为，战国时期的战乱和各诸侯国之间各自为政的局面，加速了各国和不同部族的分化。在古代交通极不便利的条件下，这种分化就会导致不同地域的人们之间交流越来越少，他们所说的语言之间的差异也因此越来越大，于是就形成了不同的方言。许慎还继承了扬雄以来方言调查和研究的优良传统，特别注意搜集方言词汇，利用各地方言来考察文字的本义。这些在《说文解字》中都有所反映，从中也可以了解东汉时期方言研究的面貌。

许慎在《说文解字》中搜集了许多方言词。例如，解释"夥（huǒ）"，他说："夥，齐谓多为夥。从多，果声。""夥"是齐地人称呼"多"义的词。更为重要的是，许慎还根据亲身感受和实地调查，利用自己的家乡汝南郡的方言来说解字义。例如，解释"溇（lǒu）"，许慎说："溇，雨溇溇也。从水，娄声。一曰：汝南谓饮酒习之不醉为溇。""溇"本来形容雨水连绵不绝之貌，这是"溇"字在通语中的意义，而在许慎的家乡汝南郡的方言中，"溇"字还可以指"饮酒习之不醉",即不善饮酒的人每日饮少许,渐渐地习惯了以后就不会醉了。有些字的本义,在汉代可能已经不见使用了,如果这些字义还保存在方言中,许慎就用方言来证明字的本义。例如,解释"叔"字,许慎说:"叔,拾也。从又,尗(shū)声。汝南名收芋(yù)为叔。""叔"字在汉代及其以后最常用的意义就是指称父亲的弟弟或丈夫的弟弟,许慎把"叔"解释成拾取之义,恐怕是要被那些随意解释文字之义的今文经学家嘲笑的,因此,许慎就使用家乡方言中的"叔"来验证自己的说解是正确的。在汝南郡的方言中,人们把从田地里收获芋头一类的薯类作物,称作"叔",这里"叔"正是拾取之义。在产生于先秦时期的《诗经》中,"叔"字也的确还保存着这个古义。《诗经·豳风·七月》:"九月叔苴(jū)。""叔"就是拾取之义,"苴"就是大麻的种子,也就是说九月份的时候要收大麻了。可见,许慎利用保存在方言中的古语古义来解释字义是正确的。许慎参照自己的家乡——东汉汝南郡的方言来解释、验证通语的音义,记录了该地方言中的古音古义,对于该地区语言演变和整个汉语史的研究具有一定的价值。

两汉时期,学者们对汉语与方言、方言与通语、各地方言、影响方言的因素,以及方言研究的方法等问题,都有了比较科学的认识。《方言》和《说文解字》也都成为今天研究现代汉语方言的重要参考资料，尤其是《说文解字》，因为较多存录了本字本义，更成为考察方言本字的主要依据。

重视实证的语言学思想

在语言文字的研究上，许慎十分重视实证。他在《说文解字》中引用了许多文献和"通人"之说来验证自己说解的正确，这就是他实证思想的鲜明体现。也可以说，实证思想是许慎创作《说文解字》的一个思想指导。他在《说文解字·叙》中说：我创作《说文解字》，搜集和解释小篆、古文和籀文，都要广泛地采用著名学者的说法，无论问题大小，一切都是真实而有依据的。他的儿子许冲在《上〈说文解字〉表》中进一步表明父亲创作《说文解字》的指导思想，许冲说：我的父亲许慎，本来跟从贾逵学习古文经学，大概古代圣贤之人的创作都是有依据的，我父亲看到那些不懂文字的人随意解说字义和经书之义，于是就广泛请教著名学者，又请贾逵帮助考订，创作了《说文解字》。的确，《说文解字》之中收录的包括重文在内的一万多个汉字，都不是许慎凭空创造和随意摹写出来的，这些文字一部分是从他之前的识字课本，如周宣王太史的《史籀篇》、李斯的《仓颉篇》、扬雄的《训纂篇》等书中摘录出来的，一部分是从先秦文献中搜集出来的，还有一部分是从出土的青铜器的铭文上搜集而来的。许慎在对这些汉字进行构形分析、意义和语音的说解时，正像他自己在《说文解字·叙》和其子在《上〈说文解字〉表》中说的那样，广泛采用了许多"通人"之说。这些"通人"，有的是许慎之前的古代的先贤圣哲，如孔子、韩非子、李斯等，有的就是许慎同时的人，如贾逵等。据有的学者考证，《说文解字》全书中出现的"通人"大概有孔子、董仲舒、爰礼、黄颢、韩非子、楚庄王、京房、刘向、班固、欧阳乔、张彻、刘歆、逯安、桑钦、宁严、司农、卫宏、徐巡、周盛、庄都、官溥、王育、杜林、扬雄、张林、傅毅、司马相如、贾逵、谭长、尹彤等，总计大约30家130条。许慎不仅引用"通人"之说，还广泛地引用了当时他所能见到的先秦文献。就引用儒家经典的情况看，据当代学者臧克和统计，大概有：90字直接引《周易》，173字直接引《尚书》，29字直接引《仪礼》，9字直接引《礼记》，190字直接引"春秋三传"（《左传》《公羊传》《穀梁传》），36字直接引《论语》，4字直接引《孝经》，31字直接引《尔雅》，8字直接引《孟子》。引用儒家经典以外的其他典籍的情况，据当代学者李国英等人统计，大概有：《老子》《司马法》《墨子》《天老》《山海经》《史篇》《吕览》《楚辞》《伊尹》《师旷》《鲁郊礼》《韩非子》《五行经》《甘石星经》《太史卜书》《汉律令》《淮南子》《律历书》

《秘书》《军法》等21种78条。那些与解释字义有关的各种地名、方言、出土的青铜器上的文字材料，也都在许慎的引用范围之内。

有了这些材料的佐证，许慎对字义、字形、字音的说解就显得更加客观、真实和可信。这种以文献和"通人"之说来证明文字形、音、义的做法，也成为文献语义学的先导，实证的思想也成为后代语言研究的基本理念。在清代经学和语言文字学研究的高潮阶段，像惠栋、戴震、段玉裁、王念孙等这些语言研究的大家，都是以这种思想作为指导的。许慎以及其他汉代学者对证据的重视，在今天的文献和语言研究中发挥着重要作用。

许慎对文字的本义尤为重视。我们现在已经知道文字和词语有本义，有引申义，还有假借义。引申义和假借义都是在本义的基础上衍生和发展出来的，但是在许慎所生活的东汉时期，还没有人认识到本义的基础作用，直到许慎创作《说文解字》一书，根据古文字小篆的形体来探讨文字的本义，这才抓住了问题的根本，所以清代段玉裁说：许书的关键之处就在于阐明文字的本义。段玉裁正是根据《说文解字》对本义的说解，来系统阐述文字的引申义和假借义的发展脉络的。

《说文解字》与许慎的经学思想

坚持古文经学的立场

　　许慎生活在东汉中期经学昌盛的文化环境中，今文经学的弊端日益显现出来，古文经学虽然没有被立于学官，但是由于它的研究方法的科学性和研究成果的可信性，正处于蒸蒸日上的阶段，加之当时出现了一些有重要影响的古文经学家，如贾逵、马融、许慎等，因此，古文经学越来越受到学者和儒生的关注。许慎在这一时期创作了巨著《说文解字》，奠定了中国文字学的基础，是古文经学战胜今文经学过程中所取得的最重要的成果之一。《说文解字》的诞生，与汉代的今古文经学有着密切的关系。古文经的发现，使许慎能够接触到更多的古文字，为他的文字研究提供了丰富的古文字资料，也使他确立了文字发展的历史观念，这使得《说文解字》的创作及文字学的建立成为可能；今文经学家抱残守缺，曲解文字和经义的弊病，使《说文解字》的创作和文字学的建立成为学术发展的必然趋势；东汉时期今古文经学之间激烈的论争，又为许慎的创作提供了必要的学术准备。因此，综合到一点来说，许慎无论创作《五经异义》还是《说文解字》，都是在两汉时期经学研究的背景下完成的，两部著作都体现了许慎的经学思想。

在对待经学的问题上，许慎从始至终都坚持古文经学的立场，为古文经学的发展和最终战胜今文经学作出了突出的贡献。许慎坚持文字发展的观念，他认为文字从起源到汉代通行的隶书，经过了很长的一个发展时期，在此期间，文字经历了从战国古文到秦代小篆，再到汉代隶书的形体变化，这样就反驳了今文经学家认为汉代的隶书就是古人造字时的字形的僵化观念。许慎细致地分析了上万个汉字形体，创立了以"六书"来分析小篆构形的理论，从根本上反驳了今文经学家随意根据隶书字体解析汉字形体、说解字义的弊端。许慎认为圣人创作经书都不是凭空产生的，是有依据可循的，因此，他坚持从实际材料出发，以历代传承下来的文献和"通人"之说来证明文字的形、音、义，以此来解释经义，从根本上反驳了今文经学家随意解释经义、阐发微言大义、标新立异的做法。许慎推崇古文经书和古文经学，他在《说文解字》中提到和引用的文献以古文经学的著作为主，而且，他多次提到跟从古文经学家贾逵学习古文经学的经历，也多次提到他的巨著《说文解字》曾经得到老师贾逵的审阅和指导。从中可以看到，许慎以古文经学家的身份标榜，对自己古文经学的立场倍感自豪。可以说，许慎创作

《说文解字》，从方方面面都对今文经学家说解儒家经典的弊端作了不遗余力的反驳，标举了自己古文经学家的身份和古文经学研究的立场。《说文解字》的诞生，就是古文经学最终战胜今文经学的一面最重要的旗帜。

受到今文经学思想的影响

两汉时期，今文经学一直占统治地位。许慎在故乡汝南郡的小学读书的十几年中，接触到的主要就是今文经书，那时在他的日常学习之中，占有主导地位的自然也是今文经学，这种状况直到许慎跟从贾逵学习古文经学才得以改变。不过，虽然贾逵也以古文经学家的身份名世，但是，他并不排斥今文经学的思想。据《后汉书》记载，汉明帝永平年间，为了迎合统治者，提高古文经学的地位，贾逵上书说《春秋左氏传》与谶纬之说是相符的。汉章帝即位之后，他又进一步申说，《春秋左氏传》宣扬的是君臣父子大义，大概十分之七八的内容都与《春秋公羊传》相同，即使有差异之处，也都是内容上的繁简之别，并不妨碍大义。谶纬之说是东汉中期以后今文经学的核心内容，而《春秋公羊传》也是最早被立于学官的今文经说。在许慎的学习和生活道路上产生过重大影响的贾逵，他的今文经学的思想，直接影响了许慎对今文经学思想的吸收。

许慎最早计划撰写的《五经异义》，是倡导古文经学，反驳今文经学随意解释经义而标新立异的做法的。他根据学者们解释《诗》《书》《礼》《易》《春秋》五经中的礼法和各种典章制度的内容，列举今文经说和古文经说，同时还表明自己的看法。多数情况下，许慎都是赞同古文经说的，但也不盲目排斥今文经说，只要他认为今文经学家的说法可取，也予以采纳。

许慎创作《说文解字》，也是站在古文经学的立场，对今文经学兼收并蓄。许慎博采"通人"之说和古代文献作为说解汉字形、音、义的证据，他所引用的"通人"之中，虽然主要是刘歆、郑众、贾逵这样的古文经学家，但也有董仲舒这样的今文经学大师；他所引用的古代文献，虽然主要是《春秋左氏传》《毛诗》这样的古文经书，但也有《春秋公羊传》和《春秋穀梁传》这样的今文经书。而且，在许慎的经学思想中还有阴阳五行的观念。

"阴"和"阳"是一对哲学概念，在古代指宇宙间贯通物质和人事的两大对立面，指天地间化生万物的二气。后来，人们把阴阳之间的对立统一运用到世间万物，既用以表示实物概念，又用以表示抽象概念。例如，天地、日月、昼夜、春夏和秋冬、男女、君臣、刚柔、奇偶等都被纳入阴阳的概念中。这种思想体现了早期人们对物质世界辩证统一的朴素认识。"五行"之说最早见于《尚书》，具体指水、火、木、金、土。五行本指自然界的五种常见物质，但是，在古代，人们把它们看成构成世间万物的各种要素，并且用来解释万物的多样性和相互之间的关系。后来，人们根据五种物质的特点衍生出相生相克的理论，即木生火、火生土、土生金、金生水、水生木，水克火、火克金、金克木、木克土、土克水。五行学说包含了朴素的唯物主义辩证法的因素。像阴阳学说一样，五行学说发展到后来，世间的其他物质也都被纳于五行的系统之内。例如，五岳、五湖、五帝、五味、五音、五常、五伦等都受到五行学说的影响。我国传统的中医，就是以阴阳五行的对立统一和此消彼长的辩证关系来研究和解释人体的构造、病理和诊疗方法的。在政治领域，人们也用相生相克的循环来解释朝代的更替。

阴阳五行学说是汉代今文经学思想体系的核心内容之一，在天文、地理、音律、伦理、科技等方面都打上了深深的烙印。汉代董仲舒的《春秋繁露》全面推行阴阳五行说，宣扬天人感应，用它来解释历史上所记载的天象、自然灾异等事件。到两汉之交，这种学说更与当时兴盛起来的谶纬神学结合在一起，在东汉的学术思想史上产生了重要影响。生活在这种思想和学术背景之下的许慎，创作《说文解字》，也不可避免地受到它的影响，从而在这部古文经学的代表作品中表现出了鲜明的阴阳五行的思想。

《说文解字》中，许慎编排五百四十个部首的宗旨是"始一终亥"，这源于汉代阴阳五行学说"万物生于一，毕终于亥"的思想。许慎对汉字的解释也体现出阴阳五行的思想，其中尤以对干支字、方位字、数目字、颜色字、五脏字、五行字等类型的汉字的解释最为突出。例如，许慎解释人的肾、肺、脾、肝、心五种内脏器官，他说："肾，水藏也。肺，金藏也。脾，土藏也。肝，木藏也。心，人心，土藏，在身之中，象形，博士说以为火藏。"

许慎解释这些人体器官，没有说明它们的自然和生理特征，而是利用五行学说，分别给它们配上金、木、水、火、土五种物质，尤其是对"心"的解释，更能反映出许慎采纳今文经说的观念。许慎解释"心"为"土藏"，但又采纳了"博士"的说法，"博士"就是指教授今文经书的博士官，他们的最大特点就是将阴阳五行学说和谶纬来附会解释经典。

对表现君臣关系概念的文字的说解，更能体现出许慎对阴阳五行学说的吸收。例如，解释"王"字，他说："王，天下所归往也。董仲舒曰：古之造文者，三画而连其中谓之王。三者，天、地、人也。而参通之者，王也。"他的意思是说，"王"字，就是天下之人所归并而向往之义。董仲舒说：古代创造文字的人，画三个横画，然后再从中画一个竖画连接起来，就是"王"字。"三"就代表天、地、人，而能够领悟通晓天、地、人之道的，就是"王"。董仲舒的说法见于他的《春秋繁露》，他分析"王"字形体和"王"的意义来源，完全体现了他的天人感应之说。事实上，"王"字的演变过程是：𐀀（甲骨文），𐀀（金文），王（小篆）。"王"字的甲骨文字形像斧钺（yuè）等兵器的头部之形，以此来指称掌握生杀大权的君王，与"天、地、人"之道是没有什么联系的。

又如，解释"三"字，这本来就是表示数目的符号，但是，许慎却说："三，数名。天、地、人之道也。"许慎在当时的文化环境下，没有正确分析"王"字和"三"字的形体，而是采信董仲舒之说，附会"天、地、人"之道，表现了他对阴阳五行学说的吸收。当代学者宋永培指出："由《说文》全书字词的整体联系熔铸而成的意义体系，正是表述这些古代史迹与观念的，具体说，是反映唐尧、虞舜、夏禹、商汤、周文王以迄春秋的上古历史进程；并展现上古时期一阴一阳分合交替的文化观念的。"所谓表现"一阴一阳分合交替的文化观念"，虽然源自上古社会，但是汉代阴阳五行学说的盛行，在许慎的学术思想和学术研究上却打上了深深的烙印。

许慎对今文经学说的采纳和他表现出来的阴阳五行的思想，与他的老师贾逵对待《春秋左氏传》的做法是一脉相承的。不过，相比今文经学家以阴阳五行学说和谶纬之学附会经典的极端做法，贾逵、许慎，以及许慎的《五经异义》和《说文解字》显然是那个时代先进思想和学术水平的代表。在今文经学占主导地位、古文经学逐渐发展和兴盛的东汉中期，许慎对糅合今古文经学两大派别的矛盾，提高古文经学的地位起到了重要作用，产生了深远的学术影响。在许慎之后，古文经学阵营中的另一位重要的人物——郑玄，正是沿着许慎的道路，在充分研究今文经学和古文经学成果的基础上，以古文经学为基础，杂糅今文经说，遍注群经，最终使今古文经学在东汉末期走向融合。

第 7 章

《说文解字》的价值和影响

《说文解字》的流传和研究

　　《说文解字》是许慎倾注毕生精力和心血而撰写的一部著作，体现了他超前的语言文字学思想和经学思想。《说文解字》问世之后，受到学术界的普遍关注。比许慎大约小六十一岁的经学家郑玄，融合今古文经说，遍注群经，在注释《周礼》《仪礼》《礼记》等时，就常常引用《说文解字》的内容。郑玄以后，历代从事古籍注释的学者，几乎没有不引用《说文解字》的，从事语言文字研究的学者更是把《说文解字》当作必读之书。南北朝时就已经产生了研究《说文解字》的著作，《隋书·经籍志》记载，梁代庾俨默创作了

《演说文》和《说文音隐》，但是都没有流传下来。唐代，官方还曾经把《说文解字》规定为儒生必修的科目。唐代诗人李白的族叔李阳冰创作了《刊定说文》三十卷。

李阳冰，字少温，赵郡（今河北省赵县）人，是唐代文学家和书法家。他研习小篆近三十年，精通篆书的笔法，后来学习篆书的人都以他为宗，人们把他当作汉字的始祖仓颉的后继者。当时，颜真卿以楷书名世，他撰写的碑版，必须得到李阳冰用小篆题写的碑额，目的就是要好上加好。《宣和书谱》称："唐代三百年之中，以小篆称名的，只有李阳冰是独一无二，无与伦比的。"李阳冰虽然擅长小篆笔法，可是他对于文字形、音、义之间的关系却不很了解，因此他刊定《说文解字》时常常根据一己之意删削增改，很少有科学的考证。大概因为李阳冰所写的小篆字体非常漂亮，他的《刊定说文》问世以后，人们争相阅读和研习，而许慎《说文解字》的原本反倒不见传刻了。

李阳冰以后，对《说文解字》的整理和流传作出重要贡献的是徐铉、徐锴兄弟，世称"大徐"和"小徐"。《说文解字》成书行世以后为人所重，经过数百年传写，难免会有文字讹误脱衍的情况，又经过李阳冰的任意篡改，世传的《说文解字》与许慎原书面貌之间的差距就更大了。徐氏兄弟不满于此，都深入研究《说文解字》，力图恢复《说文解字》的原貌，纠正李阳冰随意删改的弊端。弟弟徐锴研究《说文解字》的著作是《说文解字系传》，是一部注释《说文解字》和研究汉字理论的研究型著作，世称"小徐本"。哥哥徐铉则主要对《说文解字》进行了校勘和增补的工作，补充了《说文解字》没有载录而经典相承使用的一些汉字，把它们作为"新附字"放在每一卷之后。只有当许慎原来的说解不便于理解，或者《说文解字》的字形与当时流行的俗讹字有差异时，徐铉才予以说解。徐铉的目的是为人们提供一个研习《说文解字》的标准读本，世称"大徐本"。大小徐本问世之后，李阳冰的《刊定说文》也就不见传刻了。

徐铉、徐锴对语音发展和演变的规律不太了解，因此，"小徐本"《说文解字系传》和"大徐本"《说文解字》也有一些改动《说文解字》原文的地方。不过，它们的出现却为《说文解字》的研究提供了一个最基本的研究底本，为《说文解字》的流传和研究奠定了基础。清代的《说文解字》研究就是在"大徐本"《说文解字》的基础上进行的。但是，"大徐本"流传到清代的时候，又经过元明两代人的删改，已经不是徐铉最初校订的《说文解字》的原貌了。清代学者钱坫（diàn）、姚文田、严可均、钮树玉和孙星衍感到当时《说文解字》的刻本比较混乱，现存的"大徐本"错误较多，于是他们检录宋代以前群籍之中引用的《说文解字》的内容，共同手校，在清嘉庆十四年（1809）刊刻《说文解字》，力图恢复宋本《说文解字》的原貌，这就是平津馆本，刻制非常精善。但是该本密行小字，连贯而下，不便阅读。同治十二年（1873）陈昌治据孙星衍等人校刻的本子改为一个小篆单列一行，以许慎原文为大字，徐铉等人的校注用语为双行小字，"新附字"比许慎原有的小篆低一格，用这种版式排印便于阅读，因而这一形式也就成为大徐本《说文解字》的固定版式。今天中华书局出版的《说文解字》就是据陈昌治本影印的，后面附有检字表，使用起来比较方便。

清代是《说文解字》刊刻和研究的高潮。据说，当时研究《说文解字》的学者不下二百人。近人丁福保辑录的《说文解字诂林》中《引用诸书姓氏录》，从清初到清末共有二百零三人，其中称得上专家的有数十人之多，呈现出"家有'浅长'之书，人习《说文》之学"的盛况。清代研究《说文解字》最负盛名的，就是号称"说文四大家"的段玉裁、桂馥、王筠和朱骏声。四人的研究，桂馥以"义"为主，注重以文献来证明《说文解字》对意义的说解，所引群籍相当丰富；朱骏声以"声"为主，重新打乱《说文解字》按照部首排列的顺序，而以韵部排列，重点探讨假借义与引申义；王筠则以"形"为主，根据"六书"探讨汉字的构形，发明许书的条例；而段玉裁则"形、音、义"并重，三者互相推求，探讨语言文字形、音、义的关系，取得的成就也最高，被称为"《说文》四大家"之首。

《说文解字》是汉语言文字学研究的根柢

清代学者王鸣盛说："《说文》为天下第一书，读遍天下书，不读《说文》，犹不读也。"近代国学大师黄侃曾经指出中国书籍中最重要的不过二十余部，十三经而外，语言文字学类有《说文解字》和《广韵》；他又说专门研治语言文字学类的书籍中应当有主要和辅助之分，各类中又当有主宾之别，而《说文解字》一书在语言文字学类的著作中实在是主中之主。

《说文解字》以小篆为主，结合小篆以前的籀文、战国古文字等，分析了古文字阶段的汉字构形特征，并以汉字的构形为本，考察了汉字的本义和读音。可以说，《说文解字》一书在保存汉字的古形、古音、古义方面作出了重要的贡献。正是在这一点上，当代语言学家周祖谟说："我们要研究汉以前的古典著作，或研究汉语史和古文字，对于《说文解字》，不能一无所知。就这种意义来说，不知道许慎的《说文解字》，跟研究文学和史学的人不知道司马迁的《史记》同样是一种缺点。"

《说文解字》对文字研究和汉字规范的价值

在文字学研究方面，《说文解字》是考释古文字，系联今文字的桥梁，它是进行文字体系研究的基础，在汉字的发展史上，对汉字形体的规范和整理产生了重要的作用。

汉字发展到现在，至少有五千年的历史。从比较成熟的殷商时期的甲骨文算起，汉字的形体发展经过了甲骨文、金文、篆文、隶书、楷书等几个大的阶段。一般而言，以隶书作为分界点，以前是古文字阶段，以后包括隶书是今文字阶段。从形体上看，古文字摹画物象的特征比较鲜明，形体一般比较繁复，不便于书写；今文字形体的物象特征逐渐减弱，而笔画化、符号化则进一步加强，单纯从文字形体上已经很难看出汉字的象形特征。特别是新中国成立以后，为了普及大众文化，我国进行了简化汉字的文字改革工作，汉字形体进一步符号化。例如，"轰"字，以现在的楷书形体，我们很难分析它的构形，如果按照《说文解字》中"轰"字的古文字形体分析就容易多了。"轰"字小篆的隶定体作"轟"（小篆：轟），许慎解释为："轟，群车声也。从三车。""轟（轰）"是一个会意字，是以三个"車（车）"来表示众多的车，众多的车行进的声音汇集到一起，就是"轰"字所表示的意义，即群车之声。

《说文解字》是我们了解文字构形的重要依据。例如，"臭"是"嗅"的古字，应该读"xiù"，它是由"自"和"犬"组成的，"自"和"犬"的读音都与"臭"的读音相差很远，"臭"肯定不是形声字。那么，它的构形模式是什么样的呢？许慎在《说文解字》中这样解释："禽走臭而知其迹者，犬也。从犬，从自。"根据这个解释，知道"臭"表示闻的意思，是因为犬的嗅觉功能比较敏锐，当禽兽经过时，它能够根据禽兽留下的痕迹辨别气味，所以古人就用"犬"字来构形。但是，"自"在这里又是什么意思呢？如果用今天所熟悉的"自"的代词和介词的含义解释，显然是解释不通的。那么，"自"与"嗅"这个动作到底有什么关系呢？考察《说文解字》，许慎这样解释"自"字："自，鼻也。象鼻形。"可见，"自"的本义是鼻子，它的古文字形就像是鼻子的形状，那么，用"自"与"犬"构成会意字"臭"，表示"狗用鼻子闻"的用意也就很明确了。如果不是《说文解字》中保存的"自"的古义，以及对"臭"字构形的说解，我们现在就很难了解"臭"字构形的意义了。

就古文字来说，清代末期甲骨文的发现，为语言和历史的研究提供了新的材料和课题。但是甲骨文距离楷书的时代较远，单就形体已经很难发现它与楷体字之间的联系了。释读甲骨文字，必须要找到产生时间与它相对比较接近的文字形体，而《说文解字》以小篆形体为主，保存古文、籀文的编纂原则，使它保存了大量的古文字材料，这些古文字材料，正可以作为系联甲骨文字和今文字之间的纽带和桥梁。如果没有许慎的《说文解字》对小篆以及之前的古文字的保存和分析，现在我们可能真的像南北朝时期北齐学者颜之推所说的"不知道汉字的一点一画究竟有什么意义"了。古文字学家唐兰在《古文字学导论》中说："一直到现在，我们遇见一个新发现的古文字，第一步就得查《说文》，差不多是一定的手续。"苏宝荣在《许慎与〈说文解字〉》一书中也说："如果没有《说文》的流传，我们将不能认识秦汉的篆书，更不用说辨识商代甲骨文、商周金文和战国时的古文。"这些都揭示了《说文解字》在保存古文字、辨识古文字上不可取代的价值。

《说文解字》著录的小篆，是许慎在前代字书和古文经书的基础上，通过辨识和分析系统整理过的，具有汉字规范的性质，成为后代文字规范的典型范例，对隋唐以后的文字规范产生了一定影响。汉字是记录汉语的符号，在人际交往中发挥着重要的作用，如果文字形体分歧严重，势必会影响到人们的日常生活和文化发展。春秋战国时代的战争和割据，使得"言语异声，文字异形"，因而秦代推行了统一文字的政策，规定小篆为官方通行的文字形体。但是，秦朝的灭亡，致使这一政策也没有来得及广泛推行。加之焚书坑儒事件和秦末汉初的楚汉之争，文字分歧的问题一直没有得到根本的解决。前代的识字课本虽然具有引导汉字规范的作用，但是因为它们缺乏科学的理论和编纂体例，在汉字的规范上影响并不大。而《说文》中的小篆是经过系统整理的文字，许慎说解字义又本着形义相依的原则，使全书九千多个小篆的形体各有归属和理据可循，在具体内容上他又区分正篆和或体（多数为异体或俗体字），使人们有据可查，已经具有了正字的观念。小篆处在古文字和今文字之间，一定程度上也显现出今文字形体的端倪，因此，小篆经过《说文》的系统整理以后，对后代隶书和楷书形体的发展也起到了规范作用，避免了形体演化过程中的混乱，使汉字的表意性不断加强。隋唐以后，各个时期的文字规范工作，大都把《说文》作为主要的参考材料，说明哪些字是《说文》的正体，哪些字是后代产生的俗体。例如，唐代颜元孙编的《干禄字书》、明代梅膺祚编的《字汇》、张自烈编的《正字通》等就是如此。

《说文解字》对阅读古籍和语义研究的价值

《说文》中保存了大量的汉字古义，是我们阅读先秦古籍的重要参考资料，也是汉语语义研究的渊薮。

随着历史的发展，语言也在不断发展和变化，语言中的词所表示的意义也在交替更变，一些先秦和汉代常用的字词，在后代可能比较少见，有的甚至干脆就消失了。在这种情况下，我们阅读先秦两汉的古籍，就会遇到很多困难，有时甚至还会以今义律古义，这样解释古书就会造成许多误解。许慎创作《说文解字》以探讨文字的本义为目的，保留了大量先秦两汉使用的文字古义。因此，我们可以利用《说文解字》来解决这一古书阅读中的难题。

例如，《周易》说："女子贞不字，十年乃字。"其中"贞"字是旧时称女子未许嫁。"字"，我们今天常见的含义就是文字之义，用在这里显然是讲不通的。考察《说文解字》，许慎解释为："字，乳也。从子，在宀（mián）下，子亦声。"他又解释"乳"字为："乳，人及鸟生子曰乳，兽曰产。""乳"是生子之义，"字"与"乳"同义，也表示怀孕、产子之义。这个意义用在上面的例句中十分恰当，意思是说，女子未许嫁时没有怀孕，十年以后才怀孕。"字"表示怀孕生子之义，在后代已经不常用了，如果没有《说文解字》保存这个古义，我们很难找到解释的依据。

辨识甲骨文的形体需要依据《说文解字》，考察甲骨卜辞的意义也常常要依据《说文解字》。殷商时期的人时常占卜，他们往往把占卜人的姓名，占卜所问的事情和占卜的日期、结果等刻在所用的龟甲或兽骨上，有时也刻有少量与占卜有关的事情，这些记录的文字通常就称为"卜辞"，因为它们是刻在龟甲或兽骨上的，也称为"甲骨卜辞"，用以记录这些"卜辞"的就是甲骨文字。甲骨文是目前所知道的最早的成熟的古文字体系，那么用甲骨文记录下来的"卜辞"也就是目前可知的最早的古代文献。这些早期的文献，比较多地使用了文字的古义，这些古义，常常就是文字的本义。有些字的本义在后世的文献中已经很难见到了，因此释读甲骨卜辞是一件十分困难的事情。幸运的是，我们有许慎的《说文解字》可以参考。

《说文解字》保存了一万多个小篆、籀文和战国古文字，许慎以分析构形为基础探索这些汉字的本义，这样，就可以根据《说文解字》著录的汉字的本义来考释甲骨卜辞的含义，反之，用甲骨卜辞的意义也可以验证《说文解字》说解的正确与否。例如，前面我们说过，"自"字，《说文解字》解释为："自，鼻也。象鼻形。"在现存的先秦典籍中，"自"字没有"鼻子"的意思。几乎从周秦两汉的典籍开始，文献中使用"自"字的，基本上都用为介词，表示"自从、由"或代词"自己"等义。那么，许慎把"自"解释成"鼻子"，是否正确呢？当时肯定有很多人是持怀疑态度的。在出土的甲骨卜辞中，发现有"疾自"的记载，"自"的甲骨文形体与小篆虽有差异，但基本一致，都像鼻子的形状（甲骨文：；金文：；小篆：）。学者们根据《说文》对"自"字本义的解释，认为卜辞中的"自"就是"鼻子"之义，卜辞占卜的内容大概就是问"自"有病，即鼻子生病了，是否有害。如果没有《说文》对"自"字表示"鼻子"之义的记载，我们很难考证出卜辞中"疾自"的"自"就是"鼻子"之义。反过来，甲骨卜辞也验证了许慎释义析形的准确，反驳了那些以隶书来考察字形、分析文字本义的错误做法。

又如，《诗经·周颂·思文》"贻我来牟"，此句用的都是常见的字词，"贻"是赠送、送给之义，"我"是代词，"牟"本指牛的鸣叫声，这里用作"麰（móu）"字，那么"来麰"是什么呢？如果按照现代汉语中"来"的常用意义，解释成"往来"之义显然是不妥当的。考察《说文解字》，许慎把"来"字解释为："来，周所受瑞麦来麰。"并说明"来"字是一个象形字，而且还引用了《诗经》"贻我来麰"这句诗作为例证。"麰"字，许慎解释为："麰，来麰，麦也。"根据许慎的解释，可以确定"来麰"指的是农作物"麦"。确定了这一点，我们就可以再参照其他的文献，确定"来"指的是小麦，"麰"指的是大麦。如果没有《诗经》和《说文解字》，我们单单根据隶楷字形和后世的文献，很难知道表示"往来"之义的"来"字是一个象形字，最初的本义是表示"小麦"（甲骨文：𝍏；金文：𝍏；小篆：𝍏）。可见，《说文》贮存了大量的汉字本义，参照这些本义，我们阅读古籍，尤其是阅读先秦两汉的古籍所遇到的困难就相对减少了。现在我们阅读古书，遇到难以理解的字词，当查阅现代辞书不能解决问题时，一般就要考虑查阅《说文》了。如果没有《说文》，对于早期文献中的内容，虽然不至于全然无知，但是要想正确解读文字，理解文意，其繁难程度是可想而知的。可以说，许慎的《说文》对于古书的阅读功不可没。

汉字的意义不断发展变化，变化的结果常常使一个汉字可以表示几个意义，而相同的意义也可以用不同的汉字来表示，这种现象是由意义的引申和文字的假借造成的。汉语语义研究的任务之一，就是要尽可能清晰地描绘每一个意义发展演化的过程，进而描绘整个汉语语义的面貌和发展状况。要想圆满地完成这项工作，就必须抓住判断词义引申和文字假借最关键也是最基本的要素——本义。所谓本义，就是符合汉字构形，而且又能在文献中找到用例的意义。由本义按照一定的线索可以引申出若干个相关的意义；本义不仅是意义引申的起点，而且因为本义的形象特征还确定了意义引申的方向，因此，《说文解字》对汉字本义的解说，对于确立意义的引申系统是很重要的。清代的段玉裁正是因为抓住了本义及其引申的途径，才在词义研究中取得了突出的成就。另外，根据文字的形体和本义是否有关，我们也可以判断是否存在文字假借的问题。《说文解字》以探讨文字本义为特色，较多保留了文字产生初期的原始意义，所以，我们在做这项研究工作时，就可以把《说文解字》作为标准，通过《说文解字》提供的本义线索，考察历代的文献典籍，勾勒出文字意义发展的概貌，建立汉语语义的内部联系。

许慎创作的《说文解字》，根据古文字形体——小篆探讨文字的本义，就全书来看，许慎在每一个汉字下的说解大多数也都是本义。现在编纂的大型汉语辞书《汉语大字典》也以文字本义为基础，探讨字义的发展和变化，该字典一般都将本义列为第一个义项，最常引用的参考资料就是《说文解字》。可见，《说文解字》对文字本义的解释、对后世的辞书编纂也有重要的参考价值。

汉语语义研究的另外一项工作，就是探讨词语指称意义的缘由，也就是通常所说的探讨语源。语言中的意义用什么样的声音来指称，最初是任意的。不过，当这种联系在人们的交往中被社会约定俗成以后，语音与意义之间的联系也就确定了，在此基础上分化出来的词语与源词有声音和意义上的联系，它们共同组成一组同源词。同源词之间的意义联系大多都是隐性的，不易察觉，需要我们通过声音加以系联。

《说文解字》中的一些汉字，许慎就是利用同音或音近的字来解释的，这为系联同源词提供了许多便利条件，加之汉字以形表意的特征，形声字中的声符也往往揭示了汉字取义的线索。例如，"月"字，许慎在《说文解字》中解释为："月，阙也。""阙"也写作"缺"，即不满之义。我们都知道，"月"指月亮，按照星体运行的规律，月亮可以表现为圆月，也可以表现为不圆之月，也称为缺月或阙月。自然界中，缺月或阙月的形状是最为常见的，而圆月则比较少见。"月"和"阙"字的古音接近，许慎在这里解释的"阙"并不是"月"（月亮）的意义，而是"月亮"之所以用"月"来命名的根据。我们从《说文解字》中其他以"月"字为声符的汉字也可以看出这一特点。例如，"跀（yuè）"字，许慎解释为："跀，断足也。从足，月声。""跀"是古代砍掉脚趾的一种刑罚，它的语源也是"阙"；又如，解释"刖（yuè）"字，许慎说："刖，绝也。从刀，月声。"意思与"跀"相同。又如，解释"捔（yuè）"字，许慎说："捔，折也。从手，月声。""捔"，是折断之义，也与"阙"有关。"跀、刖、捔"三个字都以"月"为声符，都含有不全、不满、缺损之义。可见，"月"的语源确实是"阙"。我们根据《说文解字》对"月"的解释，就了解了之所以用"月"表示月亮之义的来源了。

《说文解字》对古音研究的价值

《说文解字》也是研究汉语古音的重要材料，它对上古语音的研究具有极大的价值。汉字是表意文字，表意文字的优点是可以通过汉字的形体推知它所表示的意义范畴，在象形特征比较突出的古文字阶段，这种特点就更加明显。即使不知道该字在古代的读音是什么，我们也可以根据它的形体特点了解它的大致意义。例如，表示草类植物的字，小篆字形是"屮（cǎo）"，把它转写成楷体字形就是"艸"，根据小篆的字形特点，可以推断"屮"就是描画的草类植物的茎叶形状。但是，一旦从语音的角度来考察，这个优点就又变成了缺点。我们单单根据"屮"这个字形并不能确定它在古代的读音。由于汉字形体标音的功能比较差，尤其是那些象形字、指事字和会意字，单从文字形体上我们根本不知道它的古音是什么，更无法得知古代的语音系统，这给古音研究工作带来了很多困难。

虽然汉字在本质上是一种表意文字，但是构成汉字主体的是形声字，形声字的意符是标明意义范畴的，声符则是标明汉字读音的（有的也暗示了语源）。不过，有的人可能会以今天的形声字来反驳这个结论。随便举几个例子，例如，"说""花""结""时（時）"等，它们都是形声字，但是声符和整字的读音相差很远。其实这是语音演变的结果，不足为怪。在汉字产生之初，这些声符字的读音与整字的读音应该是相同或是十分接近的，这一特征为我们研究先秦两汉的古音提供了许多有价值的信息。《说文解字》收录了大量秦代及其以前的古文字，据统计，其中的形声字在百分之八十以上。这些古文字的形体大都保留了文字创制之初的基本构形，一般认为它们的声符是可以标示先秦古音的。这样就可以利用《说文解字》中形声字的声符来研究上古音的基本概貌。清代学者的古音研究之所以取得那么高的成就，就是因为他们发现了形声字和《说文解字》的这一特点，并予以系统的归纳和运用。

最初发现形声字声符标音的特点，并利用《说文解字》的形声字来研究上古音的是清代的段玉裁。在段玉裁之前，古音研究主要依据《诗经》和《楚辞》等先秦韵文的押韵情况来归纳上古音的韵部。因为韵文的数量有限，入韵的字也不是很多，要归纳所有汉字的韵部是不可能的，当然也就不能反映上古音韵部的全貌。《说文解字》中的形声字数量较多，有七千多个，段玉裁就将这些形声字的声符归纳出来，共得到一千多个具有标音作用的谐声偏旁。他发现凡是共用一个谐声偏旁的汉字，在韵文中大多数都是押韵的，因此他得出结论说：凡共用一个谐声偏旁的汉字，它们在上古音系统中的韵部就是相同的。这一规律的发现，扩大了汉字归部的数量，使大多数汉字都能被归入相应的韵部当中，这对于全面研究上古音韵部具有重要价值。正是在这一点上，他评价《说文解字》时说：许叔重作《说文解字》时，还没有标示读音的反切，只说是"某声"，因此，把《说文解字》当作韵书也是可以的。

研究上古音，可以利用《诗经》和《楚辞》等先秦的有韵之文来归纳汉字的韵部。但是，一个音节除了韵部以外，还有声母，在上古音中我们一般称为声类，考察声类，就没有办法利用《诗经》和《楚辞》等先秦的韵文了。那么，《说文解字》中形声字的谐声偏旁的价值就更大了。谐声偏旁与形声字不仅韵部相同或相近，声类也应该是相同或非常相近的，所以共用一个谐声偏旁的汉字，它们的声类应该是相同的。有了《说文解字》中的形声字作为基础，我们再参考其他材料，就可以考察上古音的声母系统了。

另外，《说文解字》保存的重文、异文、声训等材料，也是我们构拟上古声母系统的参考资料。《说文解字》中有1163个重文，它们与正篆的关系大都是异体关系，构成异体关系的两个或两个以上的汉字，其根本特点就是语音必须完全相同。如果构成异体关系的几个汉字是利用不同的声符构成的形声字的话，那么不同声符的读音应该是相同的。就异文来看，《说文解字》还引用了许多先秦文献来说解，这些文献可能与后代传世的文献的用字不同，这就形成了异文。这些异文，有的是通假字，有的是异体字，异体字的读音是相同的。通假字和本字的读音也是相同或相近的，因此，利用《说文解字》中使用通假字的先秦文献也可以考察上古汉语的声母系统。声训是以声音为线索揭示汉字语源的，常常是用一个同音字或音近字来说解，被释字和释字的语音也应该是相同或相近的。这些材料对研究上古汉语的语音系统都有重要的参考价值。在古音研究发达的清代，许多学者成就的取得都与充分利用《说文解字》中形声字的谐声偏旁有很大的关系。例如，段玉裁的《六书音韵表》、江沅的《说文音韵表》、张惠言的《说文谐声谱》、陈立之的《说文谐声孳生述》、江有诰的《谐声表》、姚文田的《说文声谱》、严可均的《说文声类》等，都是这方面的著作。

另外，《说文解字》中还有一部分汉字是用"读若"来标明读音的，一般认为它们反映的是该字在汉代，也就是许慎时代的读音，这对于研究汉代语音、研究先秦语音到汉代语音的演变也有一定价值，不过因为材料有限，只能考察个别汉字语音的变化，还难以从整体上反映汉代的语音面貌和语音的演变。

可以说，许慎创作《说文解字》本意是要反驳今文经学家和社会上缺乏历史发展观念的人随意解释文字的弊端，其根本目的是正确解释经书之义，为王政服务，但是，由于许慎具备了先进而科学的历史发展的观念、系统的思想，他自然能够站在时人的前列，创作出一部语言文字学的著作，从而使《说文解字》突破了最初为古文经学和王政服务的根本目标，而具有了文字学、汉语语义学、语音学研究的价值，奠定了我国传统的汉语言文字学的基础。当代语言学家王宁在《〈说文解字〉与汉字学》的序言中高度评价了《说文解字》的价值，她说："有人把《说文解字》称作一部字典。其实，它的意义和作用岂止是一部字典！它不仅为我们系统地贮存了经过秦代书同文规范了的小篆和一部分曾与小篆有密切关系的大篆和'古文'，贮存了经先秦经典验证过的古代文献词义；更重要的是，它通过对上万个汉字的形体逐个的分析，证实了早期汉字因义构形的特点，确立了以形索义的词义分析方法；它通过独特的体例，总结出小篆构形的总体规律，描写出小篆构形的完整系统，使一个个零散的汉字如网如络地呈现在我们面前；由它所显示的小篆构形系统；由于顺应汉字的发展趋势，又由于切合汉字的实际，还因为符合汉字优化的原则，所以，强有力地影响了后代的隶书和楷书，起到了促进汉字健康发展的积极作用，在解释汉字的形义上一直具有很高的权威性。"并且说，由《说文解字》

生发出"《说文》体例学、汉字构形学、汉字形义学、汉字字用学和汉字文化学等分支"。的确,从《说文解字》诞生到现在,经历了一千八百多年的历史,它在语言文字学、史学以及其他传统的人文学科上都产生了广泛而深远的影响。

《说文解字》是记录自然和历史文化的百科全书

阅读古籍,是为了从中获得某一学科领域的专业知识,在阅读的同时,还可以通过它间接地了解该书产生之时的自然和社会政治、思想等方面的文化知识。就《说文解字》而言,我们了解它、学习它,目的主要是通过学习汉字,研究小篆字形的构形特征、汉字的本义和上古的语音,了解和评价许慎对汉字理论的认识。可以说,《说文解字》是汉语言文字学领域的基础和入门课程。但是,因为《说文》的产生时代较早,其中有许多汉字的意义都是表示物类和事类的,许慎记录了早期人们对自然规律和社会规律的认识。许慎之子许冲在《上〈说文解字〉表》中也说,许慎创作《说文解字》:凡是儒家经典及其他群书中的用字,都训释它们的含义,而像天地、鬼神、山川、草木、鸟兽、昆虫、杂物、不同寻常的人物或事件、王制、礼仪等,凡是一切世间人事,没有不载录其中的。因此,《说文解字》一书对于了解自然万物和汉代以前的社会、政治思想、文化面貌有十分重要的参考价值。

《说文解字》与大自然的奥秘

通过《说文解字》，我们可以了解大自然的奥秘。当代语言学家、《说文》研究专家陆宗达曾经在《〈说文解字〉的价值和功用》一文中举了一个特别有趣的例子。在生物学界，猛禽如何捕食小动物，一直是中外科学工作者力图解开的一个谜团。20 世纪 60 年代，我国的科学工作者经过长期的野外实地考察，发现猫头鹰吃老鼠一类的动物，往往先整个吞进去，吃完以后，再把老鼠等动物的皮毛搅成一团吐出来，这一发现揭开了一直以来困扰科学工作者的难题，因此被有些专家看成是揭开了生物界的一个秘密。为了宣传科普知识，他们还把这一发现拍成了一个科教片，叫《不平静的夜》。而许慎早就在《说文解字》中记载了这一自然现象。《说文解字》中有一个"𦝼（wěi）"字，许慎解释为："𦝼，鸷（zhì）食已，吐其毛皮如丸。从丸，咼（wǒ）声。读若骫（wěi）。""鸷"是指凶猛的鸟，许慎对"𦝼"字的解释，意思是说凶猛的鸟吃完猎物以后，把毛和皮搅成像球丸一样的一团吐出来。许慎对"𦝼"字之义的解释，与 20 世纪 60 年代科考工作者发现的猫头鹰吞食老鼠等动物的动作和习性是完全一致的。早在距离现在一千八百多年前的东汉中期，许慎就非常清晰地记录了自然界鸷鸟攫食动物的习性和特征。从事自然科学研究的工作人员如果对《说文解字》有一定了解的话，根据许慎创作《说文解字》载录世间万物的特征，就可以利用《说文解字》中保存的汉字古义，从中搜求出"鶅"字，这一生物界的"秘密"或许早就大白于天下了。由此可见，《说文解字》对于揭示大自然的奥秘，对于我们的自然科学研究是很有帮助的。

《说文解字》与古代的典章制度

《说文解字》还保存了许多上古社会的典章制度和文化史料。例如，我们现在使用的表示财物、货物或与此相关的一些汉字都用"贝"字作为意符，如"货""财""贷"等字。许慎在《说文解字》中是这样解释"贝"字的："贝，海介虫也。古者货贝而宝龟，周而有泉，至秦废贝行钱。""介"是甲壳，"贝"就是生活在海中的有甲壳的软体水族动物，这是"贝"字的本义。"贝"字的古文字字形是：🐚🐚（甲骨文），🐚（金文），🐚（小篆）。为什么古人最初造字的时候要用"贝"字来构形表示与钱财有关的字义呢？许慎又作了进一步的解释。他说，古时候，人们把龟甲作为占卜的宝物，而把"贝"这种水族动物的甲壳，也就是贝壳，作为交换物品的媒介。周朝的时候用作交换的媒介物改用了"泉"，"泉"也是货币的名称，当时"贝"也还在使用。这种制度到秦代的时候又发生了改变，"贝"被废弃了，而改用了"钱"。

许慎对周秦和更早社会中货币制度的说明，使我们认识到，我国上古社会曾经以贝壳作为一般等价物，因此，造字时，人们就把表示财物以及与财物有关的动作和现象的汉字用"贝"字来构形。这一点，从《说文解字》中以"贝"字为意符构成的汉字中可以清晰地看出来。除以上"货""财""贷"三字以外，还有"资""贿""赂""赀（zī）""赁""贺""赈""赠""贵"等字，也都与财货有关。按照许慎在《说文解字》中的解释，"资"是货物、钱财的总称；"贿"也是财物；"赂"是赠送财物；"赀"是罚缴财物；"赁"是雇用、租赁，也是需要钱财的；"贺"是指奉送礼物来庆祝；"赈"是赈济、赈恤之义，与钱物有关；"赠"是送给别人礼物；"贵"是指物品的价格高。可见，这些以"贝"作为意符的汉字，它们的本义都与财货、钱物等义相关。后来，周朝有了钱币，称为"泉"，但是这时"贝"仍然并用通行，直到秦代才废除了"贝"，专用"钱"。

那么，许慎记载的这一社会现象，在现存的文献中是否能够找到依据呢？《国语·周语》记载，周景王时担心钱币重量轻，于是又铸造大钱，这说明周时已经产生了金属货币。《史记》记载："至秦币为三等，而珠、玉、龟、贝、银、锡之属为器物宝藏，不为币。"也就是说曾经作为一般等价物的"珠、玉、龟、贝、银、锡"之类的东西在秦代只作为器物宝藏，都不再作为货币使用了。《说文解字》的记载与史料是完全吻合的。"贝"之所以能够作为一般等价物用以交换物品，主要就是因为它具有装饰功能，是上古社会人们最重要的装饰品之一，为人们所重视。这样，表示与财货有关的汉字都以"贝"字作为意符也就不足为奇了。

《说文解字》与古代的饮食文化

我们还可以根据《说文解字》了解古代的饮食文化。我国古代有"六畜"和"六膳"的说法。"六畜"指马、牛、羊、猪、狗、鸡。"六膳"有两种说法，都来源于《周礼》。《周礼·膳夫》说"膳用六牲"，"六牲"就是"六畜"，那么"六膳"就指马、牛、羊、猪、狗、鸡这六种牲畜了。而《周礼·食医》又说饮食中的"六膳"是指牛、羊、猪、狗、雁、鱼，这里"马"和"鸡"被换成了"雁"和"鱼"。古代所说的"雁"，就是我们现在说的"鹅"。"马"主要是用来耕作和运输的牲畜，是役畜，一般不食用。我们现在所食用的肉类中，"鸡"是主要的肉食原料，但是在古代，人们认为"鸡"有晨明啼叫的特点，是用来司晨的，常用于祭祀，也不单用于饮食，远不如它在现在膳食中那么重要。"牛"在"六畜"中同"马"一样，也主要是用来耕作的，同时"牛"还是祭祀时的主要牲祭品。商周时代，祭祀用牛、羊、豕三牲，最隆重的祭祀三牲俱全，称为"太牢"，只用"羊"和"豕"，不用"牛"的，称为"少牢"。《庄子·至乐》说："具太牢以为膳。"就是说用牛、羊、豕三牲为膳食的材料。"牛"是古代重要的膳食材料之一，不过因为它主要用于耕作和祭祀，所以在膳食上，它远不如"羊""豕"等重要。

古人的肉类食物中，"羊"是六膳之一，而且还是其中最主要的肉类食物，所以清代"说文四大家"之一的王筠说：羊是"六膳"之主，在古代是人们主要的肉类食物，因此，与食物有关的汉字，大都不用"牛""犬"等字构形，而用"羊"字来构形。"羊"字的古文字形体是：↓↑（甲骨文），↑（金文），羊（小篆）。用"羊"构形的与饮食有关的汉字，《说文解字》中主要有"美""羔""羹""羞"等字。"美"的古文字字形是：↑（甲骨文），美（金文），美（小篆）。"美"最初表示味道甘美，是用"羊"和"大"构成的会意字，羊大而肥，它的肉就一定鲜美，这是古人在长期的饮食实践中体会到的，因而他们在创造汉字的时候，就用"羊"这个最能代表肉食鲜美的动物来表示味道甘美之义，于是就有了"美"字。后来"美"又由味道的甘美引申而用来形容一切美好的事物了。既然古人以"羊大为美"，相反的，如果成年的羊比较瘦小，他们就认为那是不美的，因此，又用"羊"来构成"羸"字，表示瘦弱之义。

"羔"的古文字字形是：𦍦（甲骨文），𦍊（金文），𦍌（小篆）。"羔"是小羊，甲骨文"羔"的字形像是用"羊"和"小"来表示小羊之义。而到金文和小篆的"羔"字，则变成用"羊"和"灬（火）"来构形了，像把"羊"架在火上烧烤。羊羔之肉鲜嫩，适宜烧烤而食，所以古人就用"火"烧烤"羊"来表示"羊羔"之义，这样就出现了"羔"这个字形。"羔"字的构形，也反映出古人早就有烧烤羊羔的饮食风俗了。根据人类历史的进程和考古资料的发现，自从人类认识和使用"火"之后，才渐渐摆脱了茹毛饮血的生活，开始用火来制作各种熟食。不过，用于烹饪的器皿是后来才有的，因此，人类最初食用熟食的时候，应该是用火烧烤的，而不是放在器皿中蒸煮的，从《说文解字》中"羔"字的小篆形体，我们可以清楚地看出这一点。

《说文解字》中还有"羹"字，"羹"是用"羔"和"美"来构形的，古文字形体是：𩚁（小篆），𩚊（小篆或体）。它是用肉或蔬菜调和五味做成的有浓汁的食物，也是古代的一种美食。据《左传·隐公元年》记载，郑庄公曾经赐给颍考叔食物，颍考叔吃的时候，把食物中的肉放在一边。庄公觉得奇怪，就问颍考叔。颍考叔对庄公说："这是我要留给我的母亲吃的。母亲曾经吃过我送给她的食物，但是却没有吃过您赐给的羹啊！"庄公赐给颍考叔的食物就是"羹"，可见用肉做成的"羹"的确是一种非常鲜美的食物。《说文解字》中还有"羞"字，许慎解释为："羞，进献也。从羊，羊所进也；从丑，丑亦声。""羞"字的古文字字形是：

（甲骨文），（金文），（小篆）。上面是"羊"字，下面的"丑"甲骨文字形本来是"手"的形状，在小篆字体中变成了与之形似的"丑"，因此，在比小篆更早的甲骨文字形中"羞"字的构形，是用"手"拿着"羊"，表示进献之义，也用来表示进献的食物，许慎的释义是正确的。古人认为最能代表味美的食物，莫过于"羊"了，于是就用"羊"字构形创造了"羞"字。

《说文解字》中有些用"羊"字构形的汉字，虽然它的本义与食物没有关系，但是它的构形所表示出来的古人造字的意图却与"羊"作为主的膳食材料有着紧密的联系。例如，"羨"（与"羡"同）字，许慎解释为："羨，贪欲也。""羨"本来表示羡慕、爱慕之义，"羡"字小篆为，是由"羊"和"次（xián）"字组合而成的。"次"与"涎

（xián）"字相同，是指因贪恋某物而流的唾液、口水。那么，用"羊"和"次"字构形创造"羡"字，最初造字的意图，就是通过人看到美味的"羊"而流出口水，以此来表示人贪恋、喜欢某物，并想要得到某物的那种爱慕的、渴望的心理。可见，"羡"字的本义虽然不表示食物，但是它的构形意图却是与"羊"这种美味的食物有关的。

利用许慎的《说文解字》考察与"羊"构形有关的字，可以发现，在上古社会，人们认为最鲜美的肉类食物就是羊肉，于是用"羊"字创造了"美"字，而人们的审美文化，也就从"羊"开始了。古人在长期的饮食生活中，发现用火烘烤的羊羔肉最为鲜嫩，于是又用"羊"和"火"创造了"羔"字。用肉和菜做成的带浓汁的食物也是非常鲜美的，而只有"羊"最能代表这种鲜美的食物，于是又用"羊（羔）"创造了"羹"字。古人向尊贵之人进献物品时，认为"羊"是最能代表美的事物的，于是又用"羊"创造了"羞"字。可见，在古人的饮食文化中，"羊"是主角，是古人认为最美的、最珍贵的膳食肉类。不仅如此，他们还把"羊"作为吉祥的象征，于是那些用"羊"字构形的汉字，如"善""祥"等就都有了美好之义。

"六膳"中的"鱼"也是一种与人们的生活息息相关的肉食材料。考古发现，在出土的一些陶器上绘有鱼纹，这大概就是早期"鱼"字的雏形。这说明在甲骨文之前，人们对"鱼"就已经有所认识了。蛮荒时代，水资源非常丰富，人们又常常依水而居，因此，缺少攻击性的鱼，应该是先民们最早发现的可以食用的动物之一。许慎在《说文解字》中这样解释"鱼"，他说："鱼，水虫也。象形。""鱼"字最初的构形就是摹画的鱼的形状。"鱼"的古文字字形是：𤉲（甲骨文），𩵋（金文），𩵋（小篆）。《说文》中许多用"鱼"作为偏旁的汉字都是专用的鱼名，如"鳟""鳌""鮷（wěi）""鲤"等，其中与鱼蚌之名有关的汉字就有八十八个之多。古人对鱼的观察很细，他们从鱼的外形来区分鱼的种类，例如"鳟"字，许慎解释为："鳟，赤目鱼。"又如"鰸（qū）"字，许慎解释为："鰸，鱼名，状似虾，无足，长寸，大如叉股。"这些专名用字的创造，一方面说明古代鱼的种类非常丰富，另一方面也说明古人对鱼的种类区分得十分细致。鱼的腥味较重，对此古人有比较深的感触，他们专门造了"鮏（xīng）"和"鱢（sāo）"两个汉字，许慎分别解释为："鮏，鱼臭也。""鱢，鮏臭也。"

古人不仅创造了许多汉字来表示鱼的各种专名，还从产地上来说明各种鱼的来源。如"鲃（bà，马鲛鱼）""鲐（tái，鲭鱼，今黄海、渤海盛产）""鳆（鳆鱼，又名鲍鱼）"等字，许慎都解释为"海鱼名"，"鲸"则解释为"海大鱼"。

141

从这些解释我们可以看到，古人已经能够明确区分淡水鱼和海水鱼的种类了。有一些鱼类，许慎还专门说明它们的产地，如"鮸（miǎn）""魵（fén）"，许慎说它们都出自薉（huì）邪头国（大概在今朝鲜境内）；"鰸（qū）"，许慎说它出自辽东（辽河以东的地区，在今辽宁省的东部和南部地区）。《说文》存录的汉字所表示的鱼的种类，从中原一带一直到边境，甚至其他部族之地，无所不包。可见，在古代，鱼在人们的饮食生活中是十分重要的。

　　鱼除用于直接烹调食用以外，还可以用来做鱼酱。《说文》中有"鮚（jié）"字，许慎解释为："鮚，蚌也。从鱼，吉声。《汉律》：会稽郡献鮚酱。"鮚是蚌的一种，它不像普通的鱼有刺，比较适合做鱼酱。据说，汉代会稽郡鄞（yín）县（今浙江省宁波市鄞州区）有鮚埼（qí）亭，埼是曲岸，此处因为盛产鮚，所以就用鮚来作为亭子的名字。据许慎记载，由于会稽郡鄞县盛产鮚，用它制成的鱼酱又非常美味，所以大概在汉代的时候，朝廷还用法律的形式规定让会稽郡献鮚酱。鱼酱还有一个专门的名称，即"鮨（qí）"，《说文》解释为："鮨，鱼䐹（bù）酱也。出蜀中。""䐹"，许慎解释为："豕肉酱也。"是用猪肉做成的肉酱，那么"鮨"就是用鱼肉做成的肉酱，这种鱼肉酱大概盛产于蜀中（现在的四川省中部）一带。根据许慎对鱼酱用字的说解，鱼蚌之类的动物，虽然在全国各地都有出产，但是可能南方产量更多。

鱼不仅用于饮食，还可以用于制作其他物品或用于装饰。例如，《说文》有"鳝（shàn）"字，许慎解释为："鳝，鱼名，皮可以为鼓。""鳝"也写作鳝，就是我们通常所说的黄鳝，它的鱼皮可以用作制鼓的材料。《说文》中还有"鲛（jiāo）"字，许慎解释为："鲛，海鱼，皮可饰刀。"鲛鱼，就是鲨鱼，鲛鱼皮上有珍珠一样的颗粒，据说可以用来装饰刀剑鞘。鲛鱼也称"鲔（cuò）鱼"，因为它的皮可以用作刀剑鞘的装饰，所以后人也常常用它来指代刀剑鞘之名。例如，唐代大诗人李白有《醉后赠从甥高镇》一诗，诗中说："匣中盘剑装鲔鱼。"其中"鲔鱼"就是鲛鱼，用鲛鱼皮装饰剑鞘的剑被看成是宝剑。可见，古人对鱼的用途的认识已经从饮食扩展到了日常生活的其他方面。

此外，在饮食方面，表示蔬菜类制品、肉类制品，以及蔬菜与肉类的混合制品、各种粥类和点心的汉字，许慎在《说文》中都有存录。这说明，古人的饮食种类非常丰富，他们对同种类的不同食品的特征观察得也尤为仔细，并专门创造了不同的汉字来表示这些食物。

《说文解字》与古代的酒文化

现代社会中，酒与人们的日常生活息息相关，它是人们聚会宴请的主要饮品，是人际交往中馈赠亲友的主要礼品之一；同时，酒在医疗、工业等方面也都有重要的价值。在我国，酒的酿造历史十分悠久。酒的用途也非常广泛，除饮用以外，酒还可以用来祭祀。许慎的《说文解字》就保存了许多与"酒"有关的汉字。

例如，"酉"和"酒"字，许慎在《说文》中这样解释这两个字："酉，就也。八月黍成可为酎（zhòu）酒。象古文酉之形。""酒，就也。所以就人性之善恶。"在甲骨文中，"酉"就像盛酒的器皿，用盛酒之器来代表所盛之物——酒。后来"酉"字常用来表示地支中的第十位，所以就加上"氵"来强化"酉"表示饮品的意义，这就产生了"酒"字。"酉"和"酒"的古文字字形分别是：（甲骨文），（小篆）；（甲骨文），（金文），（小篆）。许慎采用声训的方法，用"就"来解释这两个字，在"酉"字之下，说明"酒"的酿造原料是"黍"。其实许慎解释"黍"字时就曾引用孔子的观点说"黍可以为酒"。在"酒"字之下，许慎又强调说明了饮酒可以带来善恶两个方面的结果。少量饮酒可以强身健体，愉悦性情；而大量饮酒则可以乱人性情，危害身体，从而引发祸患。

　　根据《史记》记载，商纣王昏庸残暴，以酒为池，饮酒通宵达旦，以致举国怨恨，最终为周武王所灭。战国时期魏国的信陵君，因为被魏王疏远，于是称病不再上朝，和他的宾客一起常常昼夜不停地饮酒，四年之后，最终因为饮酒过度而身亡。许慎通过对"酒"字的说解，表现了古人对饮酒适度和过度的看法，是十分恰当的。因为古人对饮酒所带来的结果有比较清醒的认识，为了不再重蹈殷商灭亡的覆辙，周天子曾经下令禁酒，汉代也以法律的形式规定不允许三人以上无故群聚饮酒。而当国家遇到喜庆之事的时候，皇帝也会下令暂时解除禁酒令。据《汉书》记载，汉文帝登基的时候就曾经大赦天下，并解除禁酒令，允许群聚饮酒五日。许慎在《说文》中就记载了一个专用于解除禁酒令的汉字——"酺（pú）"，他解释为"酺，王德布大饮酒也"，意思即是君王施德于天下，允许百姓聚会饮酒。

　　国家虽然禁止三人以上无故群聚饮酒，却并没有禁止个人和家庭因为红白之事而饮酒，所以酒应该是十分常见的。那时候，酿酒业应该也有一定的规模。《说文》中，许慎从各个方面记载了当时的酿酒情形。表示酿酒的原料，有"黍"字，古人专门把用"黍"酿成的酒称为"酏（yí）"，许慎解释为："酏，黍酒也。"还有"秬（jù）"字，许慎解释为"黑黍",并说明其是用以酿酒的。许慎在《说文》中还存录了表示酒曲的字,其中"米部"有"籟(qū)"字,许慎解释为"酒母也"。酒母是酿酒时的发酵剂。"西部"还有"酴(tú)"字,许慎也解释为"酒曲"。"麦部"还有"麸(cái)""麸(huá)""䴺(kū)"三个字,许慎都解释为"饼籟",即外形像饼的酒曲。可见,汉代以前,用以酿酒的酒曲是比较多的。

由于发酵方法和制作工艺不同,所酿的酒的种类也有差别。这些不同种类的酒,古人也用专门的汉字来表示,许慎把这些字也收集到《说文》中。根据酒中所含原料和成分的不同,古人把酒分成不同的类别。如"米部"有"糟"字,许慎解释为"糟,酒滓也",就是带渣滓的酒,能够饮用。现在我们通常所说的"酒糟"是指滤去清酒之后剩下的渣滓,已经不能饮用了,所以由此又引申出糟粕之义。《说文》中又有"鬯(chàng)"字,许慎解释为"鬯,以秬(jù)酿郁草,芬芳攸服,以降神也"。"秬"即黑黍,是酿酒的原料,"郁"即郁金,是一种香草,那么"鬯"就是用黑黍和郁金酿造的一种香酒,这种酒非常芳香,是用来祭祀神灵的。"西部"还有"醆(zhǎn)"字,许慎解释为:"醆,酒浊而微清也。""醆"既表示酒杯之义,也表示微清的浊酒,这种酒大概已经过滤,但还留有少量的渣滓。"西部"还有

"醪"字，许慎解释为："醪，汁滓酒也。"就是酒汁和酿酒用的米混合在一起的酒，是浊酒，现在我们一般称为醪糟，是一种米酒，味甜。这种米酒在现在的陕西、四川等地还用来日常饮用。

为了得到清澄的酒，还要将酒中的渣滓过滤掉，这应该是酿酒工艺中比较常见的工序，所以古人专门造了表示滤酒的三个字，即"酌（juān）""釃（shāi）""醴（lì）"。酒过滤之后所剩的渣滓，就用"滑（xǔ）"字表示。

古人也常常根据酒酿造时间的长短和工序，来区分酒的种类。如"醴"字，许慎解释为："醴，酒一宿孰也。"就是一夜酿成的酒，因为酿造时间很短，"醴"的酒精度应该比较低。又如"酎（zhòu）"，许慎解释为："酎，三重醇酒也。"由于古代的酿酒工艺还不是十分发达，第一次用粮食为原料酿造出来的酒，酒的味道比较淡，三重之酒是指经过反复酿造之后的酒，这时酒的味道相对就比较醇厚了，所以许慎说"酎"是醇酒。

古人在饮酒的实践中，还用专门的汉字来区分酒的口味。如"醇"字，许慎解释为"不浇酒也"，是说酒酿造出来以后，没有掺杂过水，这样的酒味道就比较醇厚，所以用"醇"字来表示。还有"酷"字，许慎解释为"酷，酒厚味也"，也是酒味醇厚。还有"醰（tán）"字，许慎解释为

"酒味苦"，宋代徐锴改成"甜长味"，也是指酒味甜美醇厚。这样的酒入口而令人回味无穷。有的酒味道醇厚，而有的酒味道却比较淡，古人也创造专门的汉字来表示。《说文》中有"醨（lí）"字，许慎解释为"醨，薄酒也"，即酒精度比较低的酒。

不同的酒，从外观上看，颜色也有一定的差别。《说文》中有一些字反映了酒的颜色。如"配""酏（yì）"，许慎都解释为"酒色也"。

"酒"与人的日常生活有十分密切的关系，古人对人与酒的关系观察得也非常细致。许慎在《说文》中就收录了一些表示与喝酒有关的动作和情态的汉字。如"湎"字，许慎解释为："湎，沉于酒也。"即以饮酒为乐，不能自拔。又有"酖（dān）"字，解释为："酖，乐酒也。"也就是嗜酒。人们喜欢喝酒，但不能沉湎于其中而丧失人性。酒量因人而异，过量饮酒会损伤身体，也会给社会带来危害。《说文》中有"醉"字，许慎解释为："醉，卒也，卒其度量不至于乱也。""醉"本来是指人要根据自己的酒量来饮酒，不要超过酒量，否则就会因为饮酒过量失去意识而酿成祸患。"醉"是人所能承受的最大的酒量。表示醉酒状态的有"醺"字，我们现在还经常说人喝酒多了就会"醉醺醺"的。如果饮酒没有节制，远远超过了"醉"所能承受的最大酒量，就会神志不清而酗酒闹事。《说文》中有"醟（yòng）"和"酗（xù，即'酗'字）"两个字，含义相同，许慎都解释为酗酒之义。醉酒之后，人就会出现头晕、意识不清等症状，古人就把这种状态称为"酲（chéng）"，许慎解释为"病酒也"，就是因饮酒过量而引起的症状。醉酒的症状会随着时间的推移而慢慢减轻，人的意识也会逐渐得到恢复，这也叫"醒"，许慎解释为："醉而觉也。"饮酒如果恰到好处，既尽兴而又不醉，古人就称其为"酣"，许慎解释为："酣，酒乐也。"就是饮酒尽兴，既不是十分清醒，但又没有丧失神志，大概是不醒不醉的理想状态。

通过《说文》，我们还发现，古人对于盛酒和喝酒的器具，也用专名来称呼。例如，"缶"字，许慎解释为："缶，瓦器所以盛酒浆。"有"尊"字，解释为："尊，酒器也。"有"爵"（甲骨文：；金文：；小篆：）字，解释为："爵，礼器也。象爵之形，中有鬯酒。又，持之也，所以饮。"意思是说，小篆的"爵"字，像器皿的形状，器皿中有鬯酒，"又"字是手的形状，表示用手拿着饮用。"爵"是用青铜制成的，本来是祭祀时的一种礼器，也可以用为宴饮中的普通酒器。"爵"在商周时期流行，是一种比较贵重的礼器，所以《礼记·礼器》说："贵者献以爵。"《说文》中还有"醆（zhǎn）"字，它除表示微清的浊酒以外，还指喝酒的器具，许慎解释为："斝，爵也。""斝"是"爵"一类的酒器，夏朝的时候称为"斝"，殷商时称为"斝（jiǎ）"。《说文》解释为："斝，玉爵也。夏曰琖，殷曰斝，周曰爵。""琖（zhǎn）"，即"盏"字，与"斝"同义。

"酒"是古人祭祀和举行礼仪时用的一种重要的祭品和饮品。《说文》中，许慎也收集了一些与此有关的汉字。例如，"莤（sù）"字，许慎解释为："莤，礼祭，束茅加于裸圭而灌鬯（chàng）酒，是为莤，象神歆之也。""莤"，是指把茅束放在祭祀用的器皿中，然后再灌注鬯酒，酒从茅草上渗下去，就好像神喝了酒一样。还有"醮（jiào）"字，解释为："冠娶礼祭也。""醮"是古代在加冠礼和婚礼上用酒举行的一种仪式。古代，男子年满二十岁，要举行加冠礼，表示已经成年。行礼时，地位尊贵之人对卑下之人敬酒，卑下之人接受敬酒后一饮而尽，不需再回敬地位尊贵的人，这种形式就是"醮"，在婚礼上也是如此。

《说文》还记载了古人在饮酒、用酒的实践中，发现了酒的医用价值，并用它来治疗病患的风俗。根据《史记》记载，扁鹊经过齐国，受到齐桓公的邀请。他发现齐桓公有病，想为他治疗，但齐桓公不听从扁鹊的建议，不肯治疗，于是他的病一步步加深，从最初在皮肤上的病，发展到血脉、肠胃上，最终到骨髓上。不同部位的病症，治疗的方法不同。扁鹊说，当病症在皮肤上的时候，用热水熨帖就可以治疗；当病症在血脉中的时候，用针刺疗法就可以治疗；当病症在肠胃里的时候，是可以用酒醪治疗的。"酒醪"就是汁液和渣滓混合的酒。可见，人们很早就发现了酒的治疗功能。

因为酒有医用价值，人们还把药材浸泡到酒中，制作成药酒。《韩非子》中就已经有了"药酒"的记载，《史记》中还曾经记载了扁鹊用药酒为济北王治病的故事，据说济北王饮用三石之后就痊愈了。因为酒可以治疗病患，于是古人就把"酒"字用在表示医生的汉字中，"医"最初写作"醫"，《说文》解释为："醫，治病工也。殹（yì），恶姿也，医之性然，得酒而使。从酉。王育说：一曰殹病声。酒所以治病也。《周礼》有医酒。古者巫彭初作医。""醫（医）"指医生，是一个会意字，"殹"表示人生病时所呈现出来的病态或发出来的痛苦的声音，医生的职责就是要使病人恢复到自然健康的状态。根据许慎对"醫（医）"字的分析，我们知道，古人可能在很早的时候就发现了"酒"在医疗上的价值。医生治疗病患的时候，最初可能就是用"酒"来作为主要的治疗工具和手段的。而且，许慎还记载了传说中的神医始祖巫彭。《山海经·海内西经》记载："开明东有巫彭、巫抵、巫阳、巫履、巫凡、巫相，夹窫（yà）窳（yǔ）之尸，皆操不死之药以距之。""窦窳"是古代传说中蛇身人面的怪兽，他被杀之后，巫彭、巫抵等各位神医都各自用能够起死回生的神药，一起来救治窦窳。根据"醫（医）"字用"酒"来构形，说明在传说中巫彭的时代，先民们就已经发现了"酒"的医疗价值，而且，与其他具有药用功能的材料相比，这种价值可能非常突出，所以先民就用表示酒义的"酉"字创造了"醫（医）"字。

根据许慎对一些以"酉"或"酒"构形的汉字的解说，也可以发现古人制作食品的方法。例如，《说文》中有"酱"字，许慎解释为"酱，醢（hǎi）也。从肉，从酉。酒以和酱也。爿（qiáng）声"。"酱"是一种用猪、兔、鱼等动物的肉做成的肉酱，制作肉酱的时候，大概需要往肉中加酒，以增强发酵的速度并且防止腐烂。

《说文解字》与古人的待客风俗

根据许慎在《说文》中对汉字本义的说解，还可以发现一些古人交往待客的风俗。

"酒"是人们日常生活中最重要的饮品之一，在人们交际和款待客人的场合尤其常见。在实践中，人们制订出一系列关于饮酒的规则，从这些规则当中，我们可以一窥古人饮酒的礼节和待客的风俗。例如，《说文》中有"酬"字，许慎解释说："酬,主人进客也。"即说主人劝客人喝酒。在酒宴上,热情好客的主人常常要劝宾客饮酒,古今都是如此。但是,在古代的宴席上,主人常常要先自饮,以向客人表示忠信之道,之后才劝请客人饮酒,这种劝酒的方式就叫"酬"。《说文》中还有"醋"字,读音是"zuò",与我们今天表示酸味调味品的醋(cù)是不同的,许慎解释为:"醋,客酌主人也",意思是说客人用酒来回敬主人。《说文》用"酬""醋"两个字,再现了上古社会宴席上主劝客敬、觥筹交错的生活场景。

其实,上古社会中,人们的交往和待客的风俗还不限于饮酒,根据《说文》的记载,古人还有用麦食来招待客人的风俗,这与我们今天以茶、水以及各种饮料招待客人的方式也完全不同。《说文》中有"餥(fēi)"字,许慎解释为:"餥,餱(hóu)也。从食,非声。陈楚之间相谒食麦饭曰餥。""餱"就是干粮,古代的陈楚之地,相当于现在的安徽亳州、寿县,以及河南淮阳一带,在那里,人们相互拜见之后,主人要请客人吃麦子做成的饭,这种饭就称为"餥"。《说文》中还有"饰(zuò)"字,许慎解释为:"饰,楚人相谒食麦曰饰。"楚地在现在的湖北省北部,楚地也有主人请客人吃麦食的习俗,在楚地方言中,他们把这种习俗称为"饰"。《说文》中还有"馈(wèn)""馈

153

（èn）"二字，许慎解释为："馂，秦人谓相谒而食麦曰馂馈。"秦地，相当于现在的陕西，那里也有相见食麦饭的风俗，只不过与陈楚之地的称呼不同。此外，《说文》中还有"鈆（nián）"字，许慎直接解释为："鈆，相谒食麦也。"可见，相见而请客人吃麦饭的风俗，不仅在陈地、楚地和秦地存在，并列有专门的方言用字——"饎""饰""馂馈"，而且，这种风俗可能在中原和西北的大部分地区都存在，所以人们还创造了"鈆"这个字来统称。西汉扬雄的《方言》也同样记载了这一习俗。可以说，如果不是扬雄和许慎的记载，恐怕我们已经很难了解古人相见食麦饭的习俗了。

《说文解字》与古代的音乐

在饮食生活之外，古人还有丰富的娱乐和精神生活，音乐就是其中最重要的精神生活之一。在先秦时期的儒家经典中，有"六经"的说法，除我们通常所说的《诗》《书》《礼》《易》《春秋》五经以外，还有《乐》经，有人说《乐》经也是经过孔子整理的。据《史记·孔子世家》记载，《诗》三百零五篇，孔子都弹奏琴瑟而歌咏，可见孔子对音乐十分重视。但是《乐》经很早就已经失传了，它的内容也很难考证。不过，殷商周秦时期人们重视音乐教育却是事实，战国时期的荀子还专门写有《乐论》。这些足以说明，早在先秦时期人们就已经非常重视音乐了，他们把音乐看成社会生活中的一件大事，并且还从音乐之中寻找政治兴衰的先兆。《礼记·乐记》说："治世之音，安以（相当于连词'而'）乐，其政和；乱世之音，怨以怒，其政乖；亡国之音，哀以思，其民困。"这就是所谓的"声音之道与政通"。在人们的生活中，大到祭祀、战争、国家大典，小到宴饮和普通交往，都会有音乐的参与；从弹奏者来说，尊贵者如帝王将相，卑微者如能歌善舞的歌伎，都会弹奏乐器。古人对音乐的重视，必然使他们对各种乐器和乐器的演奏方法进行深入的研究和细致的区分。《荀子·富国》有"撞大钟，击鸣鼓，吹笙竽，弹琴瑟"的记载，其中"钟""鼓""笙""竽""琴""瑟"都是乐器名称。乐器不同，弹奏的方法也有差别，所以荀子在这些乐器上使用了不同的动词，钟用撞，鼓用击打，笙和竽用吹，而琴和瑟则用弹。《说文解字》存录的与乐器相关的汉字更多，而且许慎还具体描绘了许多乐器的形制和弹奏方法。我们根据《说文》，并与其他先秦文献相印证，就可以大致了解古人的音乐生活。

《说文》中有"缶"字，许慎解释为："缶，瓦器，所以盛酒浆，秦人鼓之以节歌。""缶"既是厨房中用以盛酒的器皿，又可以用作打击乐器。许慎说秦人击缶为乐，这是有事实依据的。据《史记》记载，战国时期的赵王和秦王曾经在渑池相会，秦王饮酒正酣，需要有音乐相伴，于是就请赵王弹瑟。赵王弹瑟之后，秦国的史官走上前来，在史册上书写道："某年某月某日，秦王和赵王盟会，让赵王弹瑟。"这种记载事件的方式和语气，本意是想表明秦王在外交上压倒赵王。这时，随同赵王出行的蔺相如也请秦王敲奏他所擅长的乐器，并献上"缶"，秦王当然不肯敲奏。于是蔺相如就以死胁迫，无奈秦王只好为赵王击缶。可见，"缶"是秦国常见的，也是秦人擅长的乐器之一。用厨房器具作为打击乐器，现代人也还在延续这种传统，殊不知这种方法早在先秦时期就已经存在了。还有一种吹奏乐器叫"壎（xūn）"，现在通常写作"埙"，也是常见的乐器之一，在现在的陕西西安市随处可见。许慎解释为："壎，乐器，以土为之，六孔。"埙以陶制为主，主要是用土烧制而成的，也有用石、骨、象牙制成的。大小如鹅蛋或鸡蛋，顶部稍尖，底平，中空，有球形或椭圆形等多种。顶上有吹口，前面有三四或五孔，后面有二孔，古今各异。先秦时期，古人常用的埙可能是以六孔为主的，所以许慎专门用六孔来描写埙的外形和构造。《诗经·小雅·何人斯》中就有"伯氏（长兄之义）吹埙"的诗句。

先秦时期的打击乐器中，"钟"和"磬"是十分重要的。

许慎解释"钟"说:"钟,乐钟也。古者垂作钟。"钟一般是用青铜制成的,中空,悬挂在架子上,用槌叩击使它发出声音。单一而且比较大的钟,称为"特钟";十几个大小不一的钟按照次序组合起来悬挂在架子上的钟,称为"编钟"。"钟"的用途很广,祭祀、宴享都比较常用,有时战斗中还用它来指挥进退。编钟起源很早,大约在西周中期就已经产生了。1978年,在湖北省随县发现的战国曾侯乙墓出土了一套编钟,共有六十四件,分成三层悬挂在钟架上。同时出土的还有磬,"磬",许慎在《说文》中解释为:"磬,乐石也。古者母句氏作磬。""磬"是用玉、石或金属制成的,以石制为主,所以许慎说磬是"乐石"。磬的形状像曲尺,与钟一样,也悬挂在架子上,用槌叩击使它发出声音。单个大的磬称为"特磬",多个大小不一的磬按照顺序组合而成的,称为"编磬"。曾侯乙墓出土的磬,就是编磬,分上下两层悬挂在磬架上,每层两组,一组六件,一组十件,共有三十二件。许慎在"钟"和"磬"两个字的解释中,还专门指出传说中两种乐器的制作者,即"垂"和"母句氏"。

钟、磬两种乐器主要是以"钟"和"磬"构成的,但它们也有辅助构件,最主要的就是架子,悬挂编钟和编磬的架子,许慎在《说文》中也有记载。《说文》中有"虡(jù)"字,许慎解释为:"虡,钟鼓之柎(fū)也。饰为猛兽。"栒"指足部，这里指钟架两旁竖立的柱子，大概古时人们为了美观，常常在竖立的钟架柱子上面画上或雕刻上猛兽的形状，所以许慎就将这一特点记录下来。《礼记》记载"夏后氏之龙簨（sǔn）虡"。"簨"字，是指悬挂钟磬架子的横杆，也常常装饰有动物的图案，《说文》没有收录此字。"龙簨虡"，说的是有龙图案的钟磬架子。根据《说文》和先秦文献的记载可以看出，古人对乐器的辅助构件也有十分正确的认识。

缶和钟、磬都是打击乐器，《说文》中记载的其他打击乐器还有"铎""镛（yōng）""铃""钲（zhēng）""鼓"等。除此以外，古代还有弦乐器。《史记》中记载的赵王为秦王奏乐时，使用的"瑟"就是弦乐器。许慎在《说文》中这样解释"瑟"："瑟，庖羲所作弦乐也。""庖羲"即伏羲氏。根据《史记》对赵王弹奏瑟的记载，说明"瑟"在春秋战国时期就已经非常流行了。许慎说"瑟"是弦乐器，与今天对"瑟"的分类是一致的。古瑟有五十弦、二十五弦和十五弦等几种，现在的瑟有二十五弦和十六弦两种。古代常常和"瑟"一起演奏的还有"琴"，许慎在《说文》中这样解释"琴"："琴，禁也。神农所作。洞越，练朱五弦，周加二弦。"许慎说"琴"是神农氏制作的，这种说法在汉代桓谭的《新论》中也有记载。《新论》说，神农氏继伏羲氏之后统领天下，他用桐木作音箱，用丝绳作弦，制成了琴。许慎详细描绘了古琴的形状，他所说的"洞越"，是指贯通琴瑟底部的孔，在琴的共鸣箱琴腹开的两个音孔，使声音通畅；"练"是丝，指制作琴弦的材料；"朱"是大红色，说的是琴弦的颜色。最初的古琴是五弦的，许慎说到周朝之时，又加了二弦，变成了七弦，也称七弦琴。古琴的琴身比较狭长，面板是用桐木制成的，面板外侧有十三徽，用以标示音节，底板有两个出音孔，弹奏时，右手拨弦，左手按弦。古琴音域较宽，音色十分丰富，是古代比较珍贵的乐器之一。《诗经·小雅·鹿鸣》中还有"我有嘉宾，鼓瑟鼓琴"的诗句。

《说文》中表示弦乐器的汉字还有"筝"和"筑（zhú）"。"筝"与"瑟""琴"一样，都属于拨弦乐器。《说文》解释"筝"为："筝，鼓弦竹身乐也。"按照许慎的解释，"筝"也是弦乐器，最初是用竹子制成音箱，在音箱上面再加上弦，每弦用一柱来支撑。据考，筝是战国时期秦地（现在的陕西一带）流行的一种乐器，因此又名"秦筝"。三国时曹丕的《善哉行》一诗还说"秦筝奏西音"，正说明"筝"是秦地流行的一种乐器。筝最初是五弦，身形如"筑"，后来秦国的蒙恬改为十二弦，筝的形状也改成了像"瑟"一样的形状，制作材料也从竹子变成了木头，唐代以后又把十二弦改成了十三弦，近代又改成十六弦，现代已经增至十八弦、二十一弦、二十五弦。可见，许慎记载了战国时期"筝"的形状。"筑"属于击弦乐器。《说文》："筑，以竹曲五弦之乐也。"许慎之意是说"筑"是用竹尺击打五弦而发声的乐器，这个解释与后来学者的考证是一致的。"筑"与"筝"的形制相似，最初是五弦，颈细而肩圆，弦下设柱。演奏时，左手按弦的一端，右手拿竹尺击弦使其发音。"筑"的产生和流行也比较早，大概在战国时期就已经非常流行了，而且流行的区域也比较广泛。据《战国策·齐策一》记载，战国时期的临淄十分富有和殷实，那里的百姓没有不吹竽、鼓瑟、击筑、弹琴、斗鸡、行猎、下棋、踢球的。这些记载虽然有些夸张，但却能够说明"筑"这种乐器在战国时期的齐鲁大地是比较流行的。《史记》还记载了荆轲为燕国刺秦王的故事。当时燕太子丹及其宾客为荆轲送行，在易水之滨，高渐离击筑，而荆轲合声而唱"风萧萧兮易水寒，壮士一去兮不复还"，歌声慷慨悲壮，在场的人无不为之潸然泪下。荆轲刺杀秦王虽然以失败告终，但是他的忠义壮士的形象却已经深入人心了。这个故事发生在燕赵大地，当时高渐离使用的乐器就是"筑"，这说明"筑"在燕赵大地也是十分常见的。

除打击乐器和弦乐器以外，古人所使用的乐器中还有管乐器。许慎在《说文》中记载了许多与管乐器有关的汉字，如"竽""笙""箫""筒""籁""龠（yuē）""管""篍（miǎo）""笛""龠（yuè）"等等。《说文》解释"笙"说："笙，十三簧，象凤之身也。笙，正月之音。物生，故谓之笙。大者谓之巢，小者谓之和。从竹，生声。古者随作笙。""簧"，是乐器里用以振动发声的薄片，用竹、金属或其他材料制成，《说文》解释为："簧，笙中簧也。""簧"是管乐器中重要的构成部件之一，人们正是根据是否有簧，而把管乐器分为有簧管乐器和无簧管乐器两类。许慎对"簧"字的说解说明古人是非常重视"簧"在管乐器中的作用的。"笙"之所以和其他管乐器相区别，大概"簧"就是一个重要的标志。"笙"由簧片、笙管和斗子三部分组成。簧片古时用竹制，后来改用响铜；笙管为长短不一的竹管，在靠近上端处开音窗，靠近下端处开按孔，下端嵌接木质"笙角"用来安装簧片，并插入斗子内；斗子用匏（páo）、木或铜制成，连有吹口，有圆形、方形等多种形制。装有簧片的竹管自十三根至十九根不等，这些长短不一的竹管排列在一起，因此许慎说笙的外形像凤鸟。吹奏时，用手按指孔，吹吸振动簧片而使其发音。"笙"能奏和音，是民间器乐合奏中的重要乐器。经过改革，现在的"笙"用二十四管，吹奏效果更好，除用于伴奏、合奏外，也用于独奏。许慎考察"笙"

字得名的缘由，认为它是正月之音，那时万物复苏，所以称为"笙"。在《仪礼》中还有"三笙一和而成声"的记载，意思是说，三人吹笙，一人吹和，才能奏出美妙的音乐。可见，古时人们对"笙"和"和"是有区分的，统称为"笙"，如果细加区别，则大的称为"巢"，小的称为"和"。许慎在《说文》中还记载了传说中"笙"的制作者——随。

在古代，与笙同等重要的管乐器还有"竽"。《说文》解释为："竽，管三十六簧也。""竽"也是竹制的簧管乐器，有三十六个簧管，与"笙"的形制比较相似。"竽"也很早就流行了。《韩非子》中有一个著名的"滥竽充数"的故事。齐宣王喜欢"竽"演奏的音乐，而且每次欣赏竽演奏的音乐，必然要求三百人一齐吹奏。当时有一位南郭先生，本来不会吹竽，但他听说这件事之后，也请求为齐宣王吹竽。齐宣王很高兴，还供给这些吹竽的人饮食。齐宣王死后，齐湣（mǐn）王即位。齐湣王也喜欢听竽乐，但与齐宣王不同的是，他喜欢一个一个地听人演奏乐曲，南郭先生只好逃跑了。可见，战国时期"竽"这种乐器在宫廷内外十分盛行。

"箫"也是管乐器中的一种。《说文》解释为："箫，参差管乐。象凤之翼。""箫"是用一组大小不一的细竹管按照音律编排在一起的，最长的管在一头，根据管的长短顺次排列下去，最短的管在另一头，用蜡蜜封底。许慎所说的

"参差"就是指这种编排方法。这种"箫"我们现在一般称为"排箫"。大的箫有二十三管，小的有十六管，"箫"的外形像鸟的翅膀张开时候的形状，所以许慎说"象凤之翼"。排箫用蜡蜜封底，不封底的称为洞箫。《说文》中有"筒（dòng）"字，与今天的"筒"字不同，许慎解释为："筒，通箫也。"所谓"通箫"，清代段玉裁认为就是"洞箫"，即三国魏张揖的《广雅》中说的"大者二十三管，无底"的箫。现在还有一种"箫"，只有一根管，吹孔在顶端的侧沿，正面有五孔，背面有一孔，是用来直吹的。这种单管箫据说传自西羌，初名长笛，现在也称为洞箫。与"笙"和"竽"不同的是，竹管内没有簧，因此它是无簧的管乐器。许慎不仅从形状上将"笙""竽"和"箫"区分开来，而且还在"箫"的内部，根据它们制作的不同方法区分成排箫和洞箫两种。可见，古人关于乐器的制作工艺和分类都是十分精细的。

古代的管乐器中还有"龠（yuè）"，"龠"的古文字字形是：𠌶（甲骨文），𠱾（金文），𧷍（小篆）。《说文》解释为："龠，乐之竹管，三孔，以和众声也。"现在也常写作"籥（yuè）"。"龠"是一种用竹管制成的乐器，与笛相似，而比笛稍短小一些，竹管上有孔，孔数多少不一，有三孔的，六孔的，也有七孔的。根据当代学者的考证，三孔的是吹龠，是一种吹奏的管乐器，这也就是许慎所说的"龠"；还有一种叫舞龠，比吹龠稍长，有六孔，可手持作舞具，与许慎解释的不同。如《诗经·邶风·简兮》有"左手执籥，右手秉翟"（跳舞时左手拿着龠，右手拿着雉羽）的诗句。许慎在《说文》中解释的"龠"是作为吹奏乐器的"龠"，所以只说三孔。

《说文》中还有"籥"字，许慎解释为："籥，三孔龠也。大者谓之笙，其中谓之籥，小者谓之箹。"许慎说"籥"也是三孔的竹制乐器，它是与笙和箹两种乐器并列的，这三种乐器都具有"龠"的特征，大概只有大小和长短之别，所以许慎将它们看作一个大类中的小类。《说文》中记录的管乐器还有"笛"，许慎解释为："笛，七孔筩（tǒng）也。从竹，由声。羌笛三孔。""筩"，许慎解释为："筩，断竹。"即竹管。"笛"也是竹制管乐器，许慎将笛分为两种，一种是七孔的笛，一个吹孔，六个按指孔，这也就是通常所称的雅笛；另一种叫羌笛，只有三孔，羌笛竖吹，就是后世所说的"箫"的前身。许慎的好友马融曾经作《长笛赋》，赋文说"近世双笛从羌起"。"双笛"就是羌笛，羌笛比古笛长，所以称双笛。据应劭《风俗通》记载，笛大概是汉武帝之时丘仲所作，长二尺四寸，有七孔，之后才有羌笛。我们通过许慎对"龠""籥""笛"等字的记载和解释可以看出，古人在同一种乐器的内部，也明确地区分它的不同形制和功能。

在无簧管乐器之中，"管"是古代十分重要的一种乐器。《说文》解释为："管，如篪（chí），六孔。十二月之音，物开地牙，故谓之管。从竹，官声。琯，古者玉琯以玉。舜之时西王母来献其白琯。前零陵文学姓奚于伶道舜祠下得笙玉琯。夫以玉作音，故神人以和，凤凰来仪也。从玉，官声。"古代的"管"现在已经失传了，从许慎的说解中，我们大概知道，"管"像篪，"篪"是一种竹制乐器，据说像笛，横吹。制作"篪"的竹管上开孔，但是文献记载篪的开孔数却有较大差别，有的说是六孔，有的说是七孔，有的说是八孔，还有的说是九孔。"篪"这种乐器在先秦时期应该比较流行，如《诗经·小雅·何人斯》有"伯氏吹埙，仲氏吹篪"的记载，是说长兄吹埙，二弟吹篪。"管"既然与篪相似，那么也应该是横吹的。管上有六孔，比许慎稍晚的东汉应劭作《风俗通》说到管长大约一尺。根据许慎的记载，"管"很早就已经产生了，古人最初还曾经以玉作为制作"管"的材料，用玉制成的"管"称为玉管，并且还专门造了以"玉"作为偏旁的"琯"字来表示玉制的管。为了证实自己的说法，许慎引用了传说中舜之时西王母所献的"白琯"；又说前代零陵（今湖南省宁远县东南，相传舜帝葬于此地）的文学史官曾经在舜帝祠中找到过玉琯。这两个材料

165

说明大约在舜帝之时就已经有"管"了，不过当时是用玉制成的，是十分珍贵的乐器。"管"虽然已经失传，但通过许慎的记载，我们却可以了解到古代"管"的形制和与"管"相关的传说。后来"管"也作为管乐器的通称。古代还有一种管乐器称为"篎（miǎo）"，许慎解释为："篎，小管谓之篎。"这大概就是比"管"形制短小的竹制管乐器，据说吹奏出来的声音十分清妙。

古代许多乐器最初都是以竹子为主要材料制成的，因此，表示乐器的汉字许多都用"竹"字来构形，上面列举的弦乐器和管乐器当中，大多数都是用"竹"字来构形的。在《说文解字·竹部》中，许慎把"竽""笙""簧"排列在一起，把"箫""筒""籁""箹""管""篎""笛"等排列在一起，前者是有簧的管乐器，后者是无簧的管乐器。在无簧的管乐器之后，许慎又排列"筑""筝"二字，这两种乐器都属于弦乐器。

这说明，许慎对不同乐器之间的同异，观察得非常细致，所以在排列这些与乐器相关的汉字时，从它们的器乐类型上作出了明确的区分。

汉代，人们把音乐与阴阳五行学说联系起来，这在《说文》中也有所体现。许慎常常把音乐和各种节候、方位等联系在一起。例如，他说"笙"是正月之音，"管"是十二月之音，"钟"是秋分之音，"鼓"是春分之音。进而还据此来探讨乐器命名的原因。"笙"是正月之音，那时万物开始生长，许慎说："物生，故谓之笙。""管"是十二月之音，夏历十二月，冬天即将过去，万物也即将冲破土壤，所以许慎说："物开（'开'字，段玉裁认为当为'贯'字）地牙，故谓之管。""鼓"是春分之音，春分之时，万物破壳而出，生长发芽，所以许慎说："万物郭（扩张）皮甲而出，故曰鼓。""钟"是秋分之音，秋天是收获的季节，所以许慎说："万物种成，故谓之钟。"这些说法，大概都可以在汉代或之前的文献中找到依据。由许慎的记载，我们多少可以了解一些汉代阴阳五行学说对人们的思想和文化生活的影响。

《说文解字》与古人对人体构造的认识

古人不仅对外部事物有细致的观察，他们对人类自身的构造也很感兴趣。在《说文》中，就有许多表示人身体器官的汉字。根据许慎对这些汉字的解释，可以看出，上古社会的祖先对自己的身体构造已经作了比较细致的区分，他们对各个器官的功能也有了比较正确的认识。

《说文》中载录了与"五脏"有关的汉字——"心""肝""脾""肺""肾"，也有与"六腑"——"胃""三焦""胆""大肠""小肠""膀胱"等相关的汉字。例如，《说文》解释"胃"说："胃，谷府也。"意思是说"胃"是人体内容纳五谷的地方。人吃进食物之后，先要贮存在"胃"中，然后慢慢消化。先民们创造"胃"字的时候，知道它是人体的一部分，所以用"肉"字作为偏旁，然后根据生活经验，在肉的上方画了一个容器，用来表示"胃"的形状，之后又在其中画上几点，用来表示米谷一类的食物，同时也暗示了"胃"的功能。"胃"的古文字形体形象地再现了古人造字的意图（金文：𗂤；小篆：𗂥）。通过许慎对字形和字义的说解，我们知道，古人对"胃"的认识与我们今天对"胃"的功能的认识基本一致。《说文》解释"胆"为："胆，连肝之府。"意思是说"胆"是连接"肝"的器官，因为可以储存汁液，所以称为"府"。按照现代科学的解释，"胆"就是胆囊，是储存胆汁的囊状器官，因为胆汁味苦，所以也称为苦胆，长在肝脏右叶的下前方，与胆管相连。古人对"胆"的认识也基本正确。《说文》中有"脬（pāo）"字，许慎解释为："脬，膀光也。""膀光"也写作"旁光""膀胱"，是储存尿液的器官，俗语称为"尿（suī）脬"。根据许慎对"脬"字的解释，"尿脬"这一俗语的来源很早。《说文》中还有"肠"字，许慎解释为："肠，大小肠也。""肠"是消化器官的一部分，形状如管子，上端连胃，下通肛门，分为小肠和大肠两部分。小肠上端与胃相连，下端与大肠相通，主要作用是完成消化和吸收，并把食物的渣滓输送到大肠；大肠上连小肠，下通肛门，主要作用是吸取水分和形成粪便。按照许慎的解释，至少在汉代以前，人们就已经非常明确地区分大肠和小肠了，这说明古人对大小肠在身体中的位置和功能也有了一定的认识。

此外，《说文》中还记载了人类对其他主要器官的认识。如"肓"字，许慎解释为："肓，心下鬲（gé）上也。"（《说文》原本讹为"心上鬲下"，今按段玉裁《说文解字注》改）"鬲"后来写作"膈"，指人和哺乳动物的胸腔和腹腔之间的膜状肌肉。"肓"位于心脏之下，膈膜之上，通常就指心脏和膈膜之间的部位。对于"肓"在人身体中的重要性，古人早就认识得非常清楚了。据《左传》记载，晋侯得了重病，请秦国的名医缓为他治病，缓说：已经不能医治了。现在病情在肓之上，膏之下。用针、用药都不起作用了。我们熟悉的成语"病入膏肓"就是从这个故事中来的。

根据《说文》我们发现，古人不仅对自己的内脏器官的位置和功能有比较明确的认识，他们对构成身体骨架的各种骨骼也作了比较细致的区分。例如，《说文》中有"髑（dú）"字，许慎解释为："髑，髑髅顶也。"即死人的头骨。有"肊（yì）"字，也写作"臆"，许慎解释为："肊，胸骨也。"有"胁"字，《说文》中写作"脅"，解释为："脅，两旁也。"就是从腋下到肋骨尽处的一段。"肋"字，许慎解释为："肋，胁骨也。"就是通常所说的肋骨。《说文》中还有"髁"字，许慎解释为："髁（kē），髀（bì）骨也。"即大腿骨。有"骸"字，许慎解释为："骸，胫骨也。"即小腿骨。有"髋（kuì）"字，许慎解释为："髋，膝胫间骨也。"也就是膝盖骨。有"骩（jué）"字，许慎解释为："骩，臀骨也。"就是尾骨。《说文解字·足部》还有"踝"字，许慎解释为："踝，足踝也。"就是踝骨，是小腿和足部交接处两边凸起的部分。古人对骨头内部的构造也有一定的认识，"髓"字，许慎解释为："髓，骨中脂也。"就是骨中白色的凝脂。又有"骽（tì）"字，许慎解释为："骽，骨间黄汁也。"即骨中黄色的汁液。通过许慎在《说文》中对以上这些汉字的解释，我们可以看到，古人对人体构造和骨骼的认识已经达到了相当高的水平。

《说文解字》与古代的丧葬习俗

根据《说文》，我们还可以了解上古社会的丧葬习俗。

丧葬是人们社会生活中的一件大事，也是人类文明进程的重要标志之一。在古代，关于丧葬的风俗很多，也很复杂。许慎在《说文》中记载了许多与丧葬文化有关的汉字。例如，"冎（guǎ）"字，许慎解释为："剔人肉置其骨也。"意思是剔掉人的肉，留下他的骨头。这其实就是对古人丧葬习俗的说明。据《墨子》记载，楚国的南面有一个小的部族，叫炎人国，他们的亲人去世的时候，就要剐掉亲人身上的肉，只留下骨头埋葬，这样的人才可以称为孝子。许慎对"冎"字的解释与这种风俗是吻合的。"冎"也写成"剐（guǎ）"，后来就用以指剔肉离骨的一种酷刑了。《说文》中还有"殰（qī）"字，许慎解释为："殰，弃也。从歺（è），奇声。俗语谓死曰大殰。"许慎用"弃"字解释"殰"，是从声音上说明"殰"字的语源，表明在古代有抛尸而葬的风俗。《孟子》载，上古社会中，亲人死了之后，有不埋葬的，就把他们的尸体抛弃在沟壑山谷之中，古人称死的委婉说法——"填沟壑"或许与此有关吧。

《说文》中记载古人丧葬习俗的汉字还有"葬"，古文字字形是：𦵀（甲骨文），𦸜（小篆）。许慎对"葬"字的解释是："葬，藏也。从死在茻（mǎng）中，一，其中所以荐之也。《易》曰：古之葬者，厚衣之以薪。""葬"表示埋葬、掩埋之义，许慎用"藏"来解释"葬"字，解释的也是它的语源，埋藏起来，使别人看不见，就是"葬"。"葬"字的小篆形体，上、下都是"艸"，即"茻"，"死"字在两个"艸"即"茻"的中间，"死"的下面还有一个"一"形，许慎解释"葬"字的构形，意思是说：葬，是"死"字在

"茻"之中，"一"表示的是用来承托死人尸体的东西。这个承托死人尸体的东西，古代一般用草席。许慎认为，古代社会曾经存在用草把尸体包裹起来埋葬的风俗，所以他就引用了《周易》中"古代埋葬死人，用薪草包裹起来"的话来证明。许慎用"葬"这个汉字的形状记录了古人以草包裹尸体而葬的习俗，这与先秦文献对上古社会丧葬风俗的记载也是吻合的。

古人不仅有用草包裹埋葬尸体的风俗，还有用棺材埋葬尸体的风俗。《说文》中有"棺"字，许慎解释为："棺，关也，所以掩尸。从木，官声。"许慎用"关"解释"棺"字，也是从声音上考察"棺"字的语源，他说"棺"的用途就是掩藏尸体的，也就是我们通常所说的棺材。许慎对"棺"字的记录和说解，说明在他之前的古代社会已经存在用棺材埋葬尸体的风俗了，而且从"棺"字的构形来看，用以制作棺材的材料可能已经主要是木头了。古代"棺"的形制是什么样子的，与我们现在见到的棺材是否一样呢？对此，许慎在《说文》中也作了解释。《说文》中有一个"椁（guǒ）"字，许慎解释为："葬有木郭。"意思是说，"椁"是在"棺"的外围另加的像城郭一样的木制结构，外面的称为"椁"，里面的称为"棺"，尸体放在"棺"中。

在古代，人的身份不同，死也就有不同的称谓，许慎在

《说文》中也记载了这一现象。例如，他说，诸侯王的死称为"薨"，大夫的死称为"殚（zú）"。另外，许慎还从年龄上来区分"死"的称谓。例如，"殇"字是用来称呼人还未成年就死了，许慎说："殇，不成人也。人年十九至十六死，为长殇；十五至十二死，为中殇；十一至八岁死，为下殇。"这些都是对古代丧葬文化的记载。

《说文解字》与古代的神鬼文化

从《说文》对与神鬼相关的汉字的解释，我们还可以窥测古代社会对神鬼的看法。

《说文》单列了"鬼"部，除"鬼"字以外，还有十六个与"鬼"有关的字。许慎解释"鬼"字："鬼，人所归为鬼。从人，象鬼头。鬼阴气贼害，从厶。"（甲骨文：甲畀；金文：鬼畀；小篆：鬼）许慎用"归"来解释"鬼"，是从声音上探讨称呼人死去之后的形态。许慎的说法，可以在《礼记》中找到依据。《礼记》说："众生必死，死必归土，此之谓鬼。"但是，古人认为，人死后，有的入地，也有的升天，我们从《说文》对"魂""魄"二字的说解中可以清晰地看到古人关于人死后入地升天的观念。许慎解释"魂"为："魂，阳气也。"解释"魄"为："魄，阴神也。"《礼记》说："魂气归与天，形魄归与地。"古人认为，"魂"为阳气，所以升天，而"魄"为阴气，所以入地。入地的"魄"还附着在人的尸体上，这也就是古人所认为的"鬼"。除了人鬼，还有物鬼，《说文》中有"魅（mèi）"字，也写作"魅"，许慎解释为："魅，老物精也。从鬼彡（shān），彡，鬼毛。"在古人看来，有些动物年老之后，就会变成精怪。从许慎对"魅"字构形的解析来看，"魅"字以"鬼"作为偏旁，表明它属于"鬼"一类的神怪，又以"彡"字作为偏旁，"彡"用来形容毛发很长、很多，用"鬼"和"彡"两个字来构造"魅"，表明古人认为这些精怪因为存活了很长时间，所以它们在外形上的突出特征就是毛发又长又多。在古人的意识中，"鬼"与人说话的声音也有差别。《说文》中有"魕（rú）"字，许慎解释为："魕，鬼魅声魕魕不止也。""魕魕"，就是古人用来形容鬼叫的声音。

在古代科技落后的情况下，古人认为许多自然灾害都是由鬼神掌控的。例如，《说文》中有"魃（bá）"字，许慎解释为："魃，旱鬼也。"古人认为之所以会有旱灾，那是因为"魃"在掌控。《山海经》中还记载了一个与"魃"有关的神话。据说，黄帝和蚩尤大战时，有一个人叫黄帝女魃。黄帝攻打冀州之时，蚩尤请来风伯、雨师两位主管风和雨的神，让他们刮大风、下大雨。为了对抗蚩尤的大风和大雨，黄帝就让女魃发挥作用。女魃主管大旱，他一发挥作用，雨

174

就停止了。于是黄帝就杀掉了蚩尤。《诗经·大雅·云汉》中有"旱魃为虐"的诗句，意思是说旱鬼"魃"为虐，制造旱灾。宋代文学家苏辙还用"魃"的传说作诗，他的《冬至雪》一诗说："旱久魃不死，连阴未成雪。"

由于科技落后，古人对一些无法解释的自然现象往往存有一种敬畏心理，他们创造出"鬼"的文化，对"鬼"也是心存敬畏的，既害怕，又尊崇。在《说文》中，既有表示人见鬼之后的惊吓之词，如"魖（nuó）"，许慎说："魖，见鬼惊词。"也有表示信奉鬼神而祭祀的字，如"魕（qí）"，许慎说："魕，鬼俗也。从鬼，幾（'几'字的繁体）声。《淮南传》曰：吴人鬼，越人魕。"许慎引用《淮南传》说明，在古代吴越之人有侍奉鬼、祭祀鬼神的风俗，并以此求得吉祥和平安。这种祭鬼的风俗一代一代地流传下来，成为一个民族文化的组成部分。据说，现在云南一带的少数民族，还在每年的不同时间进行祭祀鬼神的活动，以祈求安宁。此外，许慎还收集了一些表示恶鬼、厉鬼的汉字。如他解释"魖（xū）"字说："魖，耗鬼也。"意思是说"魖"是能够使人财物虚耗的恶鬼。他解释"魑（chì）"说："魑，厉鬼也。"

在《说文》中，许慎通过分析文字构形，解释文字本义，引用相关文献，记载了丰富的古代历史和文化信息。这些信息是方方面面的，有科技信息、货币制度、饮食文化、酒文化、音乐文化、丧葬文化、鬼神文化、建筑文化、服饰文化、玉文化、婚嫁习俗、待客习俗等，可以说是包罗万象，正像许慎及其子许冲在《说文·叙》和《上〈说文解字〉表》中所说的："世间万物，没有不载录其中的。"《说文》的这一特点，为我们提供了丰富的研究资料和新的研究方向。《说文》中保存的许多与政治、经济、社会风俗、典章制度、科技文化等有关的上古社会的资料，有些在现有的文献中可以得到印证，还有一些是现存史料中所没有的，我们可以多加发掘和利用，以此来弥补研究上古社会资料的缺乏。正因为《说文》中贮存古代自然和文化史料的价值，在当前的《说文》研究中，还开辟出了"《说文》与古代文化"的研究领域，产生了许多相关的论著，如陆宗达《〈说文解字〉中所保存的有关古代社会状况的资料》，谢栋元《〈说文解字〉与中国古代文化》和王宁等著的《〈说文解字〉与中国古代文化》，臧克和《〈说文解字〉文化说解》，黄德宽、常森《汉字阐释与文化传统》，宋永培《〈说文〉汉字体系与中国上古史》，等等。通过《说文》来研究汉字体现出的文化价值，研究上古社会的政治经济文化、服饰文化、建筑文化、乐器文化、氏族文化、丧葬文化，甚至鬼文化等，已经全面展开。所以，我们说《说文》不仅是语言文字学著作，也是一部百科全书，它对于我们了解上古社会的政治思想和科技文化具有重要的参考价值。

《说文解字》的局限

许慎的《说文解字》，以它的科学性、系统性和理论性，站在了他那个时代语言文字研究的前列。许慎对汉字古形、古义、古音的记载和说解，为后代的语言研究和辞书编纂提供了丰富的资料；他以"六书"分析古文字的构形，为后代的汉字构形学开创了研究方向；许慎所开创的字典编纂的范式也成为后来语文辞书编纂的基本框架；《说文》一书中还保留了大量的上古社会政治、经济、文化风俗等内容，也为我们认识上古社会提供了宝贵的史料。《说文》不仅是一部体例完备的字典，它还是汉语言文字学研究的奠基之作，同时也是一部内容丰富的百科全书。但是，由于时代的局限和许慎个人的因素，《说文》还存在一些缺点和不足。

我们知道，小篆是在大篆的基础上，经过减省和改变形体而形成的，它是秦朝通行的文字。小篆虽然还保存着古文字摹画物象的象形特征，但并不是最早的古文字形体。在小篆之前有大篆，即许慎所说的籀文，在籀文之前还有金文，金文是指商周时期刻在金属器皿（主要是青铜器）上的文字。此外，更早的文字还有殷商时期的甲骨文。从殷商时期的甲骨文，发展到秦代的小篆，汉字经历了一千多年的发展历史。任何事物都是发展变化的，汉字也是如此。在这一千多年的发展进程中，从现在可见的甲骨文到小篆字形，汉字的形体和结构已经发生了很大的变化。而且，单就甲骨文来说，它是目前所知道的最早的成熟的文字体系，可是汉字从起源到发展成为一种成熟的文字体系，必然也经过了相当长的时期。我们在考古发掘的距今六七千年，甚至更早的一些古代器皿上发现了一些具有文字性质的刻画符号，说明在甲骨文之前，文字就已经存在了。东汉中期的许慎，距离文字创造，距离甲骨文时代已经非常遥远了，他除见到小篆字形以外，还从一些出土的青铜器及其他古文献中收集到了一定数量的战国时期的六国文字和秦国的籀文，但是这些文字与更早的甲骨文也已经有了形体上的差异。甲骨文是 1899 年以后才发现的，许慎是不可能见到的，因此，他根据甲骨文之后的小篆来分析文字的构形，考察文字的本义，难免会有失误和疏漏。这是时代环境和学术研究的水平所限制的。

许慎对汉字构形和本义的解释还存在一些错误。例如，《说文》中有"止"字，许慎解释为："止，下基也，象草木出有址，故以止为足。"意思是说，"止"就是下面的基址，它像草木初生时有基址，所以就用"止"字表示"足"

的意思。初看许慎对"止"字的构形和本义的解释似乎没有问题，但是，我们考察比小篆更早的甲骨文，"止"字作"𢓊"，像人的脚趾歧出之形；金文作"𣥂"，笔画比较丰满厚实，象形的特征更加明显。可以肯定地说，"止"字就是对足趾之形的摹画，因此，"止"字的本义就是足趾。用"止"字构形的汉字，也有一些用的就是"止"字的本义。如"步"字，古文字字形是：𣥂（甲骨文），𣥂（金文）。在甲骨文中，"步"字是用左右两只脚的脚趾来构形的，金文因为线条比较粗厚，字形比较丰满，其中的"步"字，直接就是画的左右两只脚的形状，有脚趾，也有足跟，完全就是对实物的摹画。因此，可以确定，"止"字本来就像足趾的形状，本义就是足趾。因为人的足趾在身体的最下面，所以引申可以指位于物体下面的基址。后来由于"止"字又表示停止、停留、静止等意，义项逐渐增多，为了汉字表意的明晰性，使意符能很好地标明意义的范畴，所以就在"止"字的基础上，加上了"足"字作为意符，创造了形声字"趾"来表示足趾的本义；又加上了"土"字，创造了"址"字来表示地基、基址之义。许慎把"止"字的引申义"下基"当成本义，反而把本义"足趾"当成了假借义，就是因为他没有看到更早的甲骨文和金文字形，而用已经变化了的小篆字形来析形释义。

又如，"爲（简化字是'为'）"是我们经常用到的一个字，很早就产生了。《说文》收录了"爲（为）"字，许慎解释为："爲（为），母猴也。其为禽好爪，爪，母猴象也；下腹为母猴形。"又引"通人"王育之说和古文字形体进一步验证"为"表示母猴的形状和意义。母猴，也称"马猴""沐猴""猕猴"。如果按照许慎的说法，把"爲（为）"解释成母猴，那么，母猴之义与"为"的常用义"作为、制作"等义又有什么联系呢？考察更早的甲骨文，发现"爲（为）"字与母猴的形状一点关系都没有。"爲（为）"字的古文字字形是：￼（甲骨文），￼（金文），￼（小篆）。古文字学家罗振玉在《增订殷墟书契考释》中说："爲（为）"字，"从爪，从象，绝不见母猴之状，卜辞作手牵象形……意古者役象以助劳，其事或尚在服牛乘马以前""象"字的古文字字形是：￼（甲骨文），￼（金文），￼（小篆）。罗振玉认为甲骨文的"爲（为）"字像人的手牵着大象的形状。在上古社会，当用于农业耕作的主要牲畜牛、马等还十分缺乏的时候，先民们就从大自然中选取助劳的对象。也许由于自然气候的湿热，大象在当时是特别常见的体形和力量较大，性情又比较温驯的动物，于是他们就选中了大象，让大象协助人们进行劳作。《韩非子》记载，战国之时人们已经很难见到活的大象了，只见到一些死象的骨头。于是人们就按照骨头而想象活的大象的形状，所以后人就把想象出来的东西都称作"象"了。这一记载说明，西周以前中原地区还生活着大象，而到战国时期中原地区的大象就已经绝迹了，只能见到一些象骨。

在《吕氏春秋》中还有"商人服象"的记载，说明殷商时期的先民确实曾经过着"役象以助劳"的农耕生活，因为这种生活和耕作风俗，所以古人就用人手牵着大象的构形创造了"爲（为）"字，来表示"做"的含义，并由此引申出一系列与此有关的字义，如"制作、创作、治理、治疗、学习、种植、设置、建立、成为"等等。许慎生活在东汉中期，当时大象在中原地区已经绝迹，而殷人"役象以助劳"的风俗也已经十分遥远了。许慎没有看到甲骨文字形，根据已经发生讹变的小篆和战国古文字形，把"爲（为）"的本义解释成母猴是错误的。如果按照许慎的解释，"爲（为）"字的意义引申系统也就变得暗昧不可探寻了。

再比如，我们熟悉的"行"字，在《说文》中许慎说："行，人之步趋也。"许慎把"行"字解释成"行走"之义，这个解释乍看起来似乎没有问题，行走之义是"行"字最常用的意义。可是，在出土的甲骨卜辞中发现的"行"字，写作"𠂢𠂤"，从外形上看，它并不像人的行走，倒像是用线条摹画的道路的形状，它的本义应该是道路。这个意义在先秦文献中也有用例。如《诗经·豳风·七月》有"女执懿筐，遵彼微行"的诗句，意思是说一个女子拿着深筐，沿着小路行走。"行"正是道路之义。因为"行"字表示用来行走的道路，所以就可以引申出动词行走之义，读音也随之发生了改变。

又如，我们熟悉的"干"字，在《说文》中，许慎解释为："干，犯也。从反入，从一。"许慎以同义词"犯"来解释"干"，"干"即冒犯、触犯、干扰之义，现在常用的"干犯"一词，就是两个同义的单音词构成的双音词。因为许慎把小篆"干"的字形解释成"从反入，从一"，所以就将"干"解释成动词干犯之义。但是，根据甲骨文、金文材料，"干"字的演变过程是：¥（甲骨文），¥（金文），像兵器干戈之形，是个象形字。由干戈之义引申为干犯之义，许慎根据小篆字形"¥"误解了"干"字的构形，又误把引申义当成了本义。这也是因为没有看到更早的文字形体而造成的误解。

有时，许慎对本义相同的汉字，还妄作意义的区分。例如，《说文》中有"鸟"和"隹"两个字，"鸟"字，许慎解释为："鸟，长尾禽总名也。象形。""隹"字，解释为："隹，鸟之短尾总名也。象形。"许慎认为"鸟"和"隹"都是象形字，是禽类的总名，这是毫无疑问的。但是他说

"鸟"是长尾的禽，而"隹"是短尾的鸟，"长尾"与"短尾"的区分，是值得商榷的。出土的甲骨文中，"鸟"字和"隹"字的形体大致相同，只是"鸟"字比"隹"字笔画稍微繁复一些。"鸟"字的演变过程是：🐦（甲骨文），🐦（金文），🐦（小篆）。"隹"字的演变过程是：🐦（甲骨文），🐦（金文），🐦（小篆）。古文字学家罗振玉在《殷墟书契考释》中说："卜辞中隹与鸟不分……盖隹、鸟古本一字，笔画有繁简耳……鸟尾长莫若雉、鸡（鸡），而并从隹；尾之短者，莫若鹤、鹭、凫、鸿，而均从鸟。"徐中舒先生在《甲骨文字典》中也说，"鸟"字"象鸟形，与隹字形有别，但实为一字，仅为繁简之异。"可见，"鸟"和"隹"字虽然在甲骨文中有形体之别，但是这种差别只是笔画的繁简，与它们表示"鸟类总名"的意义没有本质的联系。这一点，也能够在现实生活中得到印证。我们在大自然中观察到的麻雀和鸽子两种禽类，它们的尾巴长短并没有多少差别，但是在《说文》中，麻雀用"雀"字来表示，"雀"用"隹"构形，而鸽子用"鸽"来表示，"鸽"用"鸟"构形。因此，许慎对"鸟"和"隹"所作的"长尾"和"短尾"的区分，恐怕是十分牵强的。

像以上这样的例子，《说文》中还有一些。与早期的甲骨文和金文相比，汉字发展到小篆，有些汉字的形体已经发

183

生了较大的改变，由于许慎没有看到比小篆更早的甲骨文和金文，而主要根据小篆字形来解析汉字的构形和本义，难免会有失误。这些失误，很大程度上是由于时代的局限所造成的，我们不能因此就否定《说文》的价值，也不能因此就对许慎横加指责。

除以上这些失误以外，《说文》在编纂体例等方面也存在一些不完善之处。《说文》创立了以部首统摄汉字的字典编纂范式，对后世的辞书编纂产生了深远的影响。但是，在部首的设立和汉字的归部上，《说文》还有一些不太妥当的地方。例如，"桑"字，《说文》解释为"蚕所食叶木，从叒（ruò），从木"。"桑"字的本义指桑树，桑树之叶是蚕的主要食物，许慎对"桑"字的解释是准确的。既然"桑"表示树木，本应归入"木部"，但是许慎却没有把它归入"木部"，而是专门为"桑"字设立了一个部首，即"叒部"。"叒"指神话传说中太阳初升时所登上的神木，这一个意义似乎与"桑"字表示木名也有一定的关系，但桑木是大自然中实际存在的一种十分常见的树木，与表示树木总名的"木"字的关系更为密切，根本没有必要单设立一个"叒部"来统摄唯一的"桑"字。

《说文》用五百四十个部首统摄九千多个小篆字形，许慎根据汉字的构形来决定它们所归入的部首。就形声字来说，一般要按照形声字所从属的意符来归类，如"松""柏""榆""根""桢"这些字，都以"木"为意符，表示的意义都与"木"有关，所以许慎就把它们归入"木部"，而不管它们的声符是什么。但是，在《说文》中，也有一些汉字的归部与这个大的原则不符，主要集中在那些形声兼会意的汉字上。例如，"句（gōu）"，《说文》解释为："句，曲也。""句"的本义是弯曲之义，一些从"句"得声的字，常常含有弯曲、屈曲之义。如"鉤（简体字为'钩'）"，《说文》解释为："鉤，曲也。从金，从句，句亦声。""鉤（钩）"就是钩子，钩子是弯曲的。又如，"笱（gǒu）"，《说文》解释为："曲竹捕鱼笱也。从竹，从句，句亦声。""笱"是捕鱼篓，它是用竹篾编织而成的，这样的鱼篓口大颈小，颈部装有倒须，腹部大而长，鱼进去之后就出不来了。鱼篓的形制有弯曲的特征，因此，"句"既有标明声音的作用，也有暗示意义的功能。又如"拘"也是如此。这三个字都是形声兼会意字，许慎打破了以形符，即意符归部的通例，而将它们归入同时具有标示声义功能的"句部"。

对于这种做法，清代的段玉裁认为，许慎是为了强调汉字声音与意义之间的关系才这样做的，他在《说文解字注》中说："拘""笱""鉤（钩）"，这三个字都是会意兼形声字，许慎之所以不把它们分别归入"手""竹""金"部，是因为会意字是用两个字组合成一个字，其中必然以该字所侧重的意义为主进行归部，三个字都侧重"句"，即弯曲之义，所以就都归入了"句部"。段玉裁的说解，为许慎的做法进行了辩护。但是，如果说侧重，"拘"是用手进行的动作，"手"很重要；"笱"字指的是竹制的鱼篓，表示材料的"竹"字也很重要，"鉤（钩）"是钩子，是金属器具的一种，制作钩子的材料金属也很重要，它标明了"鉤（钩）"的意义范畴，所以，这三个字也完全可以分别归入"手""竹""金"三部。因此，段玉裁所说的体例只是一个特殊的变例而已，这种变化对整部书的体例来讲是不恰当的。

有些汉字的构形性质相同，但许慎在《说文》中却把它们按照不同的标准归入不同的部首。例如，"绞"和"恔（jiǎo）"两个字，许慎把"绞"字归入"交部"。他解释"绞"字之义为："绞，缢也。从交，从糸（mì）。"根据许慎的解释，"绞"字大概是指将绳索拧在一起，绞而致死。"糸"是细丝，标明了"绞"这个动作用的是丝绳一类的工具；"交"字标明了"绞"字的读音，也说明了"绞"的动作。"交"字，《说文解字》解释为："交，交胫也。"指腿脚相交。"交"字的形体演变过程是：🜨（甲骨文），🜨

186

（金文），𣅀（小篆）。甲骨文"交"字正像人的腿脚相交之形，因此"交"含有交结、拧结之义。所以"绞"字的声符"交"标明了"绞"字得义的语源。许慎可能考虑到"绞"字是从"交"声得义的，所以将"绞"字归入了"交部"。但是同样是从"交"字得声和得义的字，许慎却没有归入"交部"。例如，"烄"字，《说文》解释为："烄，交木然也。""然"最初是燃烧之义，后来用"燃"字表示。"烄"是将木头交结在一起点燃祭祀的一种形式，"火"表示"烄"字与燃烧有关，而"交"字除了标明声音以外，还标明了"烄"字有交结木头之义。"烄"字与"绞"字构形的性质是一样的，都是形声兼会意字，但是许慎却把它归入了"火部"。

除部首设立和汉字归部的问题以外，《说文》在体例上的不完备，还体现在九千多个汉字的排列顺序上。有些字是按意义范畴编排，有些则按美恶之别来编排，还有的则先排列表示专名的字，后排列表示形容和动作的字，等等，许慎没有总结出始终如一的排列规则。因此，有些汉字的排列顺序显得比较混乱。作为字典，查找起来极为不便，因为我们查找一个汉字时，事先并不知道许慎按照什么样的规则将它编排在特定的位置之上，所以有时要查阅一个汉字，甚至可能要阅读整部《说文》才能查检得到。

前面还曾经提到，《说文》在编排体例和个别汉字的说解上，还表现出阴阳五行的观念和思想，这也是它的失误之处。《说文》之所以会出现这些失误和不足，主要有三个方面的因素。

由于受到语言文字材料的局限，许慎误解了一些汉字的构形。他撰写《说文解字》，虽然能够从前代的识字课本和古文经典中得到为数不少的小篆、籀文和战国古文字，但是，许慎生活的时代，距离目前所知的最早的成熟的甲骨文时代，已经有千年的历史，以小篆到隶书、隶书到楷书的变化来看，由甲骨文发展到小篆，文字的形体肯定也发生了不小的变化。前面已经说过，文字的本义，是由文字最初创制的形体来反映的，而许慎主要依据小篆说解本义，当小篆的形体与甲骨文形体不符或差距过大时，以小篆为据探讨本义就容易出现失误。上面所举的"干""止""为"等例都是如此。随着钟鼎铭文的大量出土，以及 19 世纪末甲骨文的发现，现在已经积累了相当一部分古文字材料，我们就可以根据这些材料来验证或纠正《说文》对汉字形音义分析的正误了。

许慎在思想认识上的局限，也导致了《说文》说解汉字形音义的失误。《说文》产生于今文经学占统治地位，阴阳五行学说盛行的时代，这种思想给许慎的学术创作也带来了一定的影响。许慎在考察文字形义关系的时候，常常以阴阳五行学说加以附会，在解释干支字、数目字、颜色字、方位字、五行字和一些反映王权思想的字上表现得尤为突出。例如，前面所举的"王"字，甲骨文、金文本是斧钺之形，最初应当表示兵器，由此义引申为掌握生杀大权之人，即君王，而《说文》因为受董仲舒等人的天人感应之说的影响，将"王"字解释为"天下所归往也"，这是不正确的。

《说文》的失误，与汉语言文字学发展的历史时期也有重要的关系。任何一种事物都有一个从初创到发展的不断完善的过程，在早期阶段往往出现一些不成熟的，甚至是比较幼稚的问题，这是很正常的，汉语言文字学也不例外。许慎所生活的东汉中期，正是语言文字学初步建立的阶段，无论在思想认识，还是在语言材料、语言研究的方法上都还存在一些局限和不成熟的地方。比如前面提到的受阴阳五行学说的影响，受甲骨文材料的限制。除此之外，《说文》利用声音探寻汉字的取义之源时，也常常有穿凿之处，这种倾向在许慎之后的刘熙的《释名》中表现得更为明显。

《说文》是一部开创性的著作，在许多方面都表现出了它的独创性。例如，它是汉语字典的编纂模式的开创者，是用"六书"理论系统分析小篆字形的开创者，因为这些都是开创性的成果，可以借鉴的古人的经验较少，自然也就难免出现失误和不足。后人正是沿着许慎所开创的道路，运用新的材料和更为科学的研究理论、研究方法，修正许慎及其他前贤的不足，建立起了科学的汉语言文字学研究的体系。所以说，即使《说文》还有各种各样的不足，但它在中国文化史、中国汉字史，以及汉语言文字学史上的价值都是毋庸置疑的。尽管许慎的思想和学术研究的方法还存在各种各样的局限，但是，在东汉中期，许慎站在了那个时代学术研究的前列，他运用惊人的毅力和高超的智慧，创作了记载中华文明和祖先所使用的汉字形体的《说文解字》，为我们留下了宝贵的财富，在中华文化史上，的确称得上"圣人"。

年　谱

67年（汉永平十年）　生于汝南郡召陵万岁里，排行第三，
　　所以后来取"叔重"为字。

74年（永平十七年）　进入故乡的小学读书，学习识认汉字、
　　推算六十甲子和算术之类的课程。

76年（建初元年）　开始学习《论语》《孝经》等儒家典籍。

78年（建初三年）　掌握了《论语》《孝经》，开始学习其
　　他儒家的经典，即《诗》《书》《礼》《易》《春秋》等。

81年（建初六年）　对儒家经典比较精熟，进一步接触其他
　　周秦两汉的典籍。

83年（建初八年）　掌握了九千多个汉字，会使用各种书体，
　　通熟各种用今文字书写的儒家经典。十二月，皇帝下
　　令遴选各地高才生入京学习，许慎被当时的通经大儒
　　贾逵选中，即将进入京师跟其学习。

84年（建初九年）　正式拜贾逵为师，主要跟从贾逵学习
　　《春秋左氏传》《古文尚书》《毛诗》等古文经典，以

及《春秋穀梁传》等今文经书。

86 年（元和三年） 博览各种儒家经典，获得了"少博学经
籍"的美誉。

89 年（永元元年） 跟从贾逵学习古文经典的同时，逐渐发
现今古文经之间的异同，开始着手撰写《五经异义》。

90 年（永元二年） 跟从贾逵问学期间，积累了大量的古文
字材料，开始构思他的巨著《说文解字》。

96 年（永元八年） 贾逵受命以侍中的身份统领皇家图书
馆，许慎也得以和贾逵出入宫廷藏书重地东观和兰台
等地。

100 年（永元十二年） 巨著《说文解字》初稿完成，许慎
于这一年的正月初一作《叙》来记述完稿之事。

101 年（永元十三年） 贾逵辞世，许慎离开京师洛阳，回
到故乡汝南郡召陵。被当时的汝南郡太守张敏礼请为
汝南郡功曹。

104 年（永元十六年） 被推举为孝廉，到京师参加考试，
考试合格，被授以太尉南阁祭酒的官职。

108 年（永初二年） 在太尉南阁祭酒任上，开始撰写《淮
南鸿烈间诂》。

109 年（永初三年） 完成了《淮南鸿烈间诂》，全书
二十一卷，耗时大概两年。

110年（永初四年） 受诏与马融、刘珍等共同在皇家图书馆东观校书，从而结识晚辈马融，切磋学问，深得马融的推崇和尊敬。同时，许慎还受邀在东观为中官近臣讲授五经。

119年（元初六年） 二月，全国发生地震，灾情严重，许慎被选派到洨地担任洨长，负责赈灾安抚百姓，但因病没有赴任。回归故乡汝南郡召陵。

120年（永宁元年） 在家乡汝南郡召陵，进一步修订和完善《说文解字》。

121年（建光元年） 九月，病重，派遣儿子许冲将《说文解字》献给朝廷。当时一同献上的还有《孝经孔氏古文说》一卷。

147年（建和元年） 在家乡汝南郡召陵，讲授五经。远道而来拜许慎为师的学生，著名的有两个，一个是西南边陲的毋敛人尹珍，另一个是江南无锡人高彪。

148年（建和二年） 在家乡汝南郡召陵县万岁里去世。

主要著作

1.《说文解字》十五卷，见《后汉书·许慎传》。

2.《五经异义》十卷，见《后汉书·许慎传》。

3.《孝经孔氏古文说》一卷，见许冲《上〈说文解字〉表》。

4.《淮南鸿烈间诂》，也称《淮南子注》二十一卷，见《宋史·艺文志》。

5.《五经通义》一卷，清人王仁俊辑。

6.《汉书许义》一卷，清人王仁俊辑。

7.《六韬注》若干卷，清人顾槐三《补后汉书艺文志·兵家类》著录该书，另《太平御览》引原书两条。

参考书目

1. 班吉庆：《汉字学纲要》，江苏古籍出版社，2001年。

2. 董希谦、张启焕主编：《许慎与说文解字研究》，河南大学出版社，1988年。

3. 洪诚：《说文解字叙注》，见《洪诚文集·中国历代语言文字学文选》，江苏古籍出版社，2000年。

4. 李国英、章琼：《〈说文〉学名词简释》，河南人民出版社，1994年。

5. 陆宗达：《说文解字通论》，北京出版社，1981年。

6. 宋永培：《〈说文〉汉字体系与中国上古史》，广西教育出版社，1996年。

7. 苏宝荣：《许慎与〈说文解字〉》，大象出版社，1997年。

8. 唐兰：《古文字学导论》（增订本），齐鲁书社，1981年。

9. 唐祈、彭维金主编：《中华民族风俗辞典》，江西教育出版社，1988年。

10. 姚孝遂：《许慎与说文解字》，中华书局，1983年。

11. 王蕴智：《中国的字圣许慎》，河南人民出版社，

1994 年。

12.王宁、谢栋元、刘方:《〈说文解字〉与中国古代文化》,辽宁人民出版社,2000 年。

13.谢栋元:《〈说文解字〉与中国古代文化》,河南人民出版社,1994 年。

14.臧克和:《中国文字与儒家文化》,广西教育出版社,1996 年。

15.张震泽:《许慎年谱》,辽宁大学出版社,1986 年。

16.周祖谟:《许慎及其〈说文解字〉》,见《问学集》,中华书局,1966 年。